THE SH!T LIFE THROWS AT YOU

ADULT WORD SEARCH

100 HUMOROUS TAKES ON EVERYDAY LIFE EVENTS

LET'S FACE IT. LIFE CAN SUCK.

SURE, IT AIN'T ALL SUNSHINE AND RAINBOWS, BUT INJECTING SOME HUMOR AND BRUTAL HONESTY INTO HOW WE FEEL ABOUT THESE 100 COMMON LIFE EVENTS JUST MIGHT HELP TAKE THAT EDGE OFF.

EACH OF THESE SCENARIOS HAS 16 WORDS TO LOCATE. JUST LIKE ANY SITUATION IN LIFE, THESE CAN COME FROM ANY DIRECTION, INCLUDING:

HORIZONTALLY: →

VERTICALLY:

DIAGONALLY:

BACKWARDS:

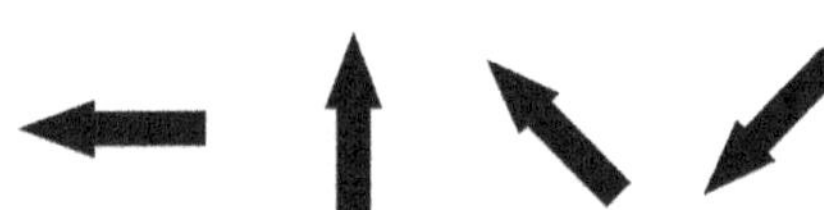

IF ANY OF THESE PUZZLES PROVE TOO OVERWHELMING TO COMPLETE ON YOUR OWN, ALL SOLUTIONS ARE PROVIDED IN THE BACK...CHEATER.

WE APPRECIATE YOU JOINING US ON THIS JOURNEY AND LOOK FORWARD TO READING YOUR FEEDBACK TO HELP IMPROVE OUR FUTURE CREATIONS!

-R.G. WIT

GRADUATION

IT'S ONLY UP FROM HERE! ...RIGHT?

G	H	T	U	G	J	G	Q	J	D	P	M	Q	F	U	E	M	B	D	V
O	S	S	W	T	H	T	Z	L	Q	B	D	Y	E	I	F	B	A	B	O
S	F	Y	O	D	W	P	S	X	C	D	G	C	N	D	J	Y	C	T	Y
J	Y	M	M	Y	I	L	E	H	E	Q	H	W	F	S	Y	V	K	T	N
P	J	X	C	E	W	P	L	H	O	M	F	I	K	Z	I	C	P	T	B
R	A	Y	R	A	R	B	I	L	K	F	C	F	M	F	I	N	A	L	W
O	B	S	T	J	S	U	Q	H	F	C	R	B	F	B	F	R	C	X	O
F	D	H	S	E	B	K	T	I	S	P	L	K	P	G	L	E	K	W	Q
E	P	O	K	B	T	R	P	C	D	R	E	E	M	C	E	J	E	P	K
S	M	R	O	D	Y	A	S	S	E	Q	A	J	K	D	C	A	E	T	U
S	O	Q	Q	F	U	P	D	V	M	L	R	L	P	Y	X	N	J	K	B
O	A	L	A	G	A	U	S	E	D	A	R	G	O	X	H	B	I	A	W
R	C	L	Y	P	W	I	G	U	U	S	R	G	V	H	L	J	A	J	H
S	N	B	I	N	G	E	R	E	A	D	I	N	G	H	C	X	V	J	I
W	E	H	R	K	R	O	W	E	M	O	H	U	T	C	F	S	V	V	N
W	T	J	D	X	I	J	T	G	T	J	Y	R	Q	Z	I	D	O	J	Q
L	Z	L	R	P	C	K	N	B	E	E	S	D	X	X	F	C	C	T	P
W	Y	F	K	I	X	Y	B	A	S	M	F	C	R	M	Q	U	Q	F	H
U	D	N	F	H	D	O	D	O	T	Y	C	A	I	Q	X	O	T	I	P
Z	H	Y	P	C	T	E	M	O	S	S	A	L	C	T	H	G	I	N	Y

HOMEWORK	ESSAY	BINGEREADING	BACKPACK
TEST	GRADES	SCHOLARSHIP	DORMS
DUEDATE	CAFETERIAFOOD	PROFESSORS	NIGHTCLASS
LECTURE	LIBRARY	FINAL	GPA

BILLS, BILLS, BILLS

APPARENTLY, LIFE AIN'T FREE.

A	X	M	D	V	V	R	N	Y	L	M	N	R	C	A	P	F	V
C	P	P	F	U	E	L	M	A	K	T	H	I	P	T	B	Q	J
Z	J	M	N	B	L	G	Y	R	O	Z	N	H	W	P	V	B	K
R	C	A	O	C	E	J	A	H	A	L	U	D	R	W	F	Q	D
W	A	T	E	R	C	C	W	B	C	C	T	I	X	V	B	G	H
Q	I	R	H	D	T	D	N	Q	R	G	A	N	J	Y	W	Y	D
H	L	S	G	Z	R	G	S	A	E	A	I	B	E	N	L	C	G
X	B	Z	B	G	I	A	A	N	R	S	G	R	L	D	E	J	Y
A	Z	S	X	N	C	G	C	G	G	U	D	D	I	E	U	K	I
D	N	U	F	P	I	D	L	T	E	S	S	L	M	M	S	T	Q
X	H	R	D	D	T	P	R	G	I	L	H	N	F	M	L	A	S
V	O	C	T	R	Y	V	H	A	T	D	A	D	I	I	S	X	I
T	O	R	L	B	G	W	S	O	U	N	E	I	D	P	P	E	E
M	T	G	E	P	S	K	S	I	N	T	E	R	N	E	T	S	C
I	B	B	T	J	W	T	K	Z	D	E	K	R	C	M	O	J	V
N	I	Z	P	Y	M	E	F	G	G	O	U	U	B	H	L	G	L
W	A	P	N	C	X	K	W	P	O	Z	O	R	W	G	Q	X	P
V	Z	W	C	E	M	S	E	E	A	V	L	F	Z	L	K	E	E

STUDENTLOAN
WATER
GAS
PHONE
RENT
ELECTRICITY
FOOD
CREDITCARD
CABLE
CAR
TAXES
FUEL
INTERNET
MORTGAGE
INSURANCE
GARBAGE

THE JOB HUNT

THOSE BILLS AREN'T GOING TO PAY THEMSELVES. AND NEITHER ARE MOM AND DAD...I ASKED.

```
E U H V S T C E Q Y W K O O I R H A I G S
Y B W H Y N V C J X E O W I J U R Y X L I
F R B F Z M P D F X M R R T J I U N A M W
V A P F I V T H E E I J E K V Y X Y D P J
C O A L X R X F D T H A U F H P S D N W D
U F A Z G S O N P O C P K R E I A Y A H S
R I I A F V G O U G R E U E N R S U Z E U
C M E A G N R N L N W H J D A U E T Q D W
W E H X E C N E I R E P X E D E E N O B L
L N U H A I R C U T N W L Q R U H O C R B
Y T O O T A J O Z S S L S V G B T T C E Y
U R V I P M B M Z V F I D U L U U Q T F S
H Y X N T B W P Y U P I L B I H Z U W A A
R L V X J A B E V S A X C L Y T G A O X U
O E R X Z O C T I A R K C U I S A L A R Y
R V S Q Z G M I T V Q V C R L Z T I N K W
Z E H U P P D T L F R K E L Y D T F L G C
Y L G L M U Z I S P W E E C P A H I O R D
C T F A Z E T V F X P W T Z W G R E X F L
Z Z D M W N R E F F O A A N J E R D C H Q
J Y Q V J Q O V W Q C V K S I N X F C N O
```

LISTINGS	RESUME	APPLICATION	REJECTED
NEEDEXPERIENCE	NOTQUALIFIED	ENTRYLEVEL	WORKHISTORY
SALARY	COMPETITIVE	INTERVIEW	REFERENCES
WAGE	NEWSUIT	HAIRCUT	OFFER

BREAKFAST

WHO THE HELL HAS TIME FOR THIS LUXURY?

V C R R S M O O T H I E S J N P Z T
V D Q I C H B Z C K C Q Q M E D E K
Z Q S R R E A W Y S A E R E V O A P
X T V T A S C H A S H B R O W N S I
H O M V M C O I Z F H N I F F U M W
F A R X B A N O U Q F V V S X T C W
G S C E L K R P N J N L W M W L R N
N T U R E K B W D F T V E E U J X O
E E G N D F A E F W L Q L Z E Y K A
T C T C N X A U V S B K C B Y A D A
I F Q M P Y N P S A U S A G E I W L
Q O Y G X X S E U D O L Z G T X H O
H G W Z D I F I L A E R E C A V P T
B A V V S F X F D I R H B G K M E G
D R L L O E H N F E H T C X A F Y J
N A B L V K U M X U U M H A O B L L
N L F M K K N S Y R U P U A O U I X
M O W V X I P W T X J G T Y X P B H

BACON
WAFFLE
POACHED
SMOOTHIE
SCRAMBLED
TOAST
BAGEL
DONUT
SYRUP
SAUSAGE
MUFFIN
SUNNYSIDEUP
JUICE
CEREAL
HASHBROWNS
OVEREASY

THE DAILY COMMUTE

DO ANY OF YOU FUCKERS KNOW HOW TO DRIVE!?

D	V	K	M	X	M	I	F	O	O	B	Z	H	N	D	V	Q	U	M	U
K	C	J	S	P	E	E	D	T	R	A	P	J	P	O	X	I	M	A	Q
T	X	Y	R	A	O	A	T	N	Y	Y	M	D	W	J	B	R	B	S	F
L	M	Q	B	L	E	I	M	E	O	U	T	D	N	M	C	R	S	Z	P
Z	L	E	A	R	N	T	O	D	R	I	V	E	R	K	V	U	J	C	Z
O	W	U	A	M	E	P	A	I	L	S	T	Y	A	E	C	S	W	P	F
Z	Y	V	F	A	B	U	L	L	K	E	Q	A	G	B	M	H	Z	J	A
R	O	V	M	G	S	B	Q	V	G	R	U	O	T	E	D	H	Y	W	M
Q	E	Q	D	A	N	L	B	I	J	N	O	F	L	I	P	O	F	F	J
Z	F	G	S	C	J	I	L	K	Q	V	I	W	R	K	C	U	O	B	C
N	L	A	A	Z	S	C	K	O	K	P	J	N	D	W	G	R	N	I	J
Z	F	A	H	R	H	T	I	R	T	B	Y	S	N	A	L	Y	I	U	L
F	D	N	N	C	D	R	P	F	A	A	Y	L	O	U	O	D	J	U	Y
Q	F	N	R	G	T	A	X	W	F	P	K	W	D	T	R	R	A	W	I
S	P	K	B	X	I	N	O	C	O	A	W	U	F	Y	U	T	X	P	U
M	B	K	Z	U	P	S	L	R	B	Y	R	G	C	P	G	H	E	X	D
Y	I	A	A	K	X	I	N	S	U	I	G	T	F	Q	H	R	H	G	V
Q	V	U	F	W	V	T	X	R	K	R	V	B	U	F	S	P	I	P	P
C	V	J	O	W	T	A	G	A	U	A	A	A	W	E	V	G	H	B	N
E	P	X	Z	E	E	J	I	X	T	T	L	L	J	F	C	R	U	X	F

PUBLICTRANSIT	RUNNINGLATE	ROADRAGE	LEARNTODRIVE
TRAFFICJAM	RUSHHOUR	PARKINGFULL	METERS
TOLLS	FLIPOFF	TURNSIGNAL	SPEEDTRAP
CITATION	ROADWORK	DETOUR	TAXI

OFFICE LINGO

IF I HEAR THESE WORDS ONE MORE GODDAMN TIME...

W Z O C M O B L A Q Z C C F D C K L P R E A X
F Y U K P J Q E X G P Z F F R A E J P K L R X
P R X C O C R P Z O B H F X C H B X X W Z W N
J N W W O F P A S I K M Z O C W Z R S E P T C
J J J C R M I G W H G Q C H P P H I A Q G N Y
J R Y T H W O R K H A R D P L A Y H A R D U A
H T Q P I V O T J Q D W E S A B H C U O T C N
R Z M A K U T T A K Z P N N G E S I W E G T Z
E V W W B M R Q I K V P D R Y O M E L D L T Q
A X A L O O K F S E E W H A T S T I C K S X O
M E Y H S R V C G Y L T U R K J C C J W B Q N
R E U L L K A E A N Z B H T T T A X A X F O I
R H T D I W D N A B I C A I J F T I H T W H J
G E O A E M S B I N E G X T S H N X I F S M B
A O L P R E A E P S D L N F B O X B P K H M T
D X J B O O P F T Q K B C A E P F Y P M H C L
R V Z Y E N B D A K A C E R H V X F J O X E I
I X H R E L A A I E D J U Y I W W J L T Z J K
O L M A O X X C L V K Q H D O C O F H I Y J C
B S O R P H A D A L E I F W Q N S L E H N Y V
C E V V V P R F N L O F L S T Q D C X M U E G
Y X L H I Y K M L X L C G T B D C J F K G H Q
Y B Z J E B K P L F X J A G O H B C W E K E M

PIVOT	CIRCLEBACK	SYNERGIZE	COLLABORATE
WORKHARDPLAYHARD	TABLEIT	LOWHANGINGFRUIT	LIKEAFAMILY
DUCKSINAROW	HOPONACALL	TAKETHISOFFLINE	TOUCHBASE
BANDWIDTH	DEEPDIVE	ABOVEANDBEYOND	SEEWHATSTICKS

THE DATING SCENE

IF THERE ARE SO MANY FISH IN THE SEA, WHY IS THE FISHING PART SO BAD?

L O V X O H Y H T U B W J L C F D P M E
V F H D L K J E J Z O Y I P E O X N M U
D N C O N N E C T I O N X G V H N K O J
D G D T E Y E G E A C J G O J D K N J A
C N C A T F I S H E D M A W W V U W A G
E G A E T O P E L O T D P W B N M Y R J
T S O T Q I V Z U D S A N R K P I I A P
W H K I S B N Q P I U T D I A W H P S C
I K H N N T A G R N R C E D L T A V K L
K P I F I G H H S N I T R D N B A R S Y
E L E H N R S G C E M I K Y J O T T D Y
L B O N X E D T I R R U C F K T C L S C
L K R I O J N R E N U V M E S P K E L K
A P I H R E R Z O A E M I H I Q D B S Z
L B U S Q C H G V F D N U C V F Q S C N
O Y C D W T Q T T R T Y O D E H C T I D
N H R Y O I U I X H I E V O X Y V A V V
C X S W W O F X D M H B E A Q E J W J S
F T N B D N T G T O V F Q M Y E D D J D
E H L A F C F S D W R L X F X H S P K I

BLINDDATE MEETFORDRINKS DINNER BARS
ONENIGHTSTAND STOODUP GOINGSTEADY AWKWARD
DITCHED GHOSTED CATFISHED DATINGSERVICE
CONNECTION SECONDDATE THEONE REJECTION

THE MANAGEMENT

HOW THE FUCK DID THEY GET THIS JOB?

M A Z Z M Y S M T U L V H R F N N O K E N O
B B L J X K Q X I V L F N N J D C H Z C O A
N L F E D C B N V C C V U Z J S W S H B C C
D O V P H P E H O W R L B H D T N P U T V A
H O I P T C P S L I M O O G I U D G L Z P F
T J L T O K U H I Y T H M L I X F O Z O Q E
A F A T A W R M R A L O V A G T J U T Z H S
K S Q C J C G S O X R R M N N O X K K K A F
E D S Z D C A O U O Z Y A O O A E H F A F Q
S B E K P B G V K B T W T E R R G B S W F E
C T J S I H T L Y C R D F T E P O E R J L S
R Y U S A S N U L N U E I F I V D M R V Y R
E A G T W E S X M V E B D A N H A E Z X T T
D E T A G E L E D F A D E N P J S E I P U B
I S U R N Y O P R B N S Z H U F K I L N E F
T P G T S L N K R O E S T O T W I Z T C E U
A O H L Q P G F K E Y W S L D S O V S Q Q D
U J D A M H L X P Q V K M J C H S R Y M Y E
C R J T G D U Q T W K E C G T L Q A H I I X
L U L E R V N L P W C B N O J B I J P T N V
G U B J Z N C Q O G E U T D F E J V O E G F
A Y F Z V G H H C N R M N Z L Q L L K G E Z

MORON	TAKESCREDIT	PASSTHEBUCK	DELEGATE
PAIDTOOMUCH	LEAVEEARLY	STARTLATE	LONGLUNCH
ASSKISSER	THROWUNDERBUS	NEVERPLEASED	DENIEDPROMOTION
SHITTYRAISE	MICROMANAGER	IGNOREINPUT	DENYVACATION

THE BOOB TUBE

SOMETIMES YOU JUST NEED TO ZONE THE HELL OUT. WHO REALLY NEEDS ALL THEIR BRAIN CELLS ANYWAY?

F L L S X S W A I J K W W A P N L T J P
U A T P E A I K J J K M K N S O H G R J
T H K I G S P S A R C C R J E C I Q F U
T Q G O J C P H V V X M Z E J C O M H R
Y G Q A B D W B C Q F Q V C L S B F B S
X P A Y L N E W S O C K W H B V H I C E
M W M R R A U L R S U F P U N Y M I Q M
R H X P E A I R L Q S Y L P P J Z N Q E
O K Z Z Q P T C E E S U L I N J M M F F
J C Y N B B O N R R C E R I M C V A X S
L S E D O S I P E E G N I B Q C K W E N
R O A C E I T B A M M N A R Z Q U C V K
U F N M W M T R B O U M I C E D K W V I
K S I P A M O C O T S C O D R S Q E R U
R R X O I R R C A P Q U O C R V D A X C
H Z M L C K D W W T S N S D K O O T P N
Q J H C D O E P E B H L A H L N C H U C
G N V V H Y L A I C E P S N O S A E S Z
J Y T D G L Y S N A F A T P W I K R R I
H M A E R T S K B M L U X W F Y J O U G

COMEDY
DOCUMENTARY
WEATHER
RECORDING

SERIES
COMMERCIAL
BINGEEPISODES
SEASONSPECIAL

DRAMAS
RERUN
CANCELLED
SPORTS

ACTION
NEWS
STREAM
SOAPOPERA

HITTING THE GYM

IT'S ALL ABOUT THE GAINS, BRO

A	N	H	F	V	J	F	G	S	J	U	W	Y	K	D	J	A
G	T	O	Q	C	X	V	P	N	T	V	K	K	J	W	T	J
H	J	C	M	H	W	T	U	I	I	A	A	B	S	G	Z	B
J	Q	V	U	G	T	K	S	E	S	H	U	O	T	O	H	I
S	C	S	F	N	O	B	H	T	A	Q	C	Q	G	X	L	Y
O	D	J	E	Z	T	N	U	A	L	P	Z	T	S	G	N	L
D	G	L	A	C	I	T	P	I	L	L	E	M	E	Y	Y	B
S	E	Y	G	N	I	T	F	I	L	X	P	W	O	R	V	K
H	S	Z	C	Y	B	Z	L	L	I	M	D	A	E	R	T	Y
L	L	E	B	B	M	U	D	N	R	S	P	I	Y	M	Y	S
R	M	E	R	I	P	S	R	E	P	I	N	D	B	W	N	H
G	W	Z	P	P	S	S	S	O	L	T	H	G	I	E	W	J
K	X	H	Q	U	H	H	C	N	S	T	S	X	M	Q	D	Q
M	J	H	N	H	T	C	A	R	D	I	O	Y	V	M	S	O
S	S	Y	O	G	A	I	N	S	D	H	R	J	X	R	B	Y
U	X	U	O	P	G	S	S	E	D	A	E	P	D	D	D	D
D	Y	D	C	B	Z	A	L	Q	B	T	C	C	H	C	J	S

CARDIO
BENCHPRESS
PERSPIRE
YOGA

TREADMILL
DUMBBELL
SORE
STRETCHING

ELLIPTICAL
GAINS
SQUATS
PUSHUP

LIFTING
WEIGHTLOSS
GYM
SITUP

VALENTINE'S DAY

SPEND A BUCK, YOU MIGHT GET TO...

D	B	Y	N	K	C	O	C	C	E	V	N	V	W	D	N	R	G	C
O	U	O	E	I	R	E	G	N	I	L	L	D	J	M	Q	W	V	W
U	V	E	F	Z	U	K	T	D	K	U	T	E	M	R	Z	C	Q	K
Y	V	V	R	W	Y	G	L	A	E	B	R	J	U	D	J	P	I	A
R	C	F	Z	K	A	Y	N	T	D	V	Q	R	D	J	L	P	K	P
S	U	N	Z	S	F	G	C	E	U	R	I	W	O	J	L	C	G	C
U	E	E	W	W	B	A	A	L	W	I	E	S	X	B	F	F	H	F
C	T	I	I	M	X	E	S	F	I	W	Z	N	N	D	R	L	J	Y
H	H	D	R	V	A	D	D	E	W	C	H	T	N	E	T	W	C	F
G	Q	E	G	R	O	T	I	P	S	H	H	M	R	I	P	L	W	D
L	P	Q	E	R	E	M	G	A	Z	O	I	E	O	H	D	X	I	A
T	T	R	Z	S	O	B	E	E	M	C	R	H	Q	D	Y	H	E	M
M	S	R	F	O	Y	C	W	C	T	O	Y	R	K	K	O	N	G	P
A	H	T	E	S	B	C	B	A	N	L	N	E	T	Y	S	W	X	D
T	Z	Y	R	S	Q	A	A	J	R	A	U	D	N	R	F	Q	G	P
F	O	B	L	A	S	U	O	R	A	T	M	C	S	I	V	M	O	S
N	L	S	H	H	E	E	D	K	D	E	S	O	K	P	W	C	H	Z
J	M	U	C	H	Y	H	D	U	Z	S	V	H	R	Y	C	P	S	C
J	O	T	I	I	U	M	T	D	Z	F	K	K	X	E	B	I	A	K

CHOCOLATES	RED	HEARTS	CHEESYCARDS
ROSES	DIAMONDS	DINNERDATE	EXPENSIVE
WINE	CLICHE	ROMANCEMOVIE	STRAWBERRIES
DESSERT	LINGERIE	AROUSAL	GETLUCKY

DOING THE DEED

ONE ACT, SO MANY NAMES

W	E	Q	Q	Y	G	C	C	S	R	U	T	G	E	C	I	X	J
D	E	D	S	B	A	N	G	E	U	F	H	K	L	P	A	Q	R
M	A	R	X	P	U	G	H	B	R	F	C	C	R	V	H	W	U
A	E	X	C	U	B	M	K	X	V	R	X	U	L	C	R	O	S
F	A	G	E	S	B	V	P	A	U	O	X	F	B	R	E	T	W
M	L	X	U	D	Z	U	Y	I	J	R	R	N	B	N	V	G	E
E	T	J	E	S	C	L	Z	F	N	G	E	L	G	H	W	E	V
N	X	E	S	G	O	A	O	K	C	G	P	X	G	K	B	L	O
P	O	S	R	B	K	R	H	O	O	K	U	P	T	X	D	F	L
X	R	H	U	U	N	G	I	C	J	B	N	G	W	K	G	T	E
P	F	A	O	I	S	T	S	N	O	I	T	A	L	E	R	G	K
G	B	G	C	O	U	U	D	S	A	X	N	G	H	I	K	M	A
S	C	A	R	S	T	T	K	T	V	L	Q	I	C	L	E	R	M
H	T	G	E	T	T	I	N	G	L	A	I	D	J	I	L	S	Z
E	O	T	T	N	W	O	D	G	N	I	T	T	E	G	D	A	U
T	A	I	N	B	O	E	Y	Z	V	B	G	P	P	H	W	K	L
M	C	T	I	J	A	B	H	C	Z	J	W	P	E	G	P	T	X
T	E	Z	L	B	H	N	V	R	F	H	P	O	E	J	H	Z	Q

SEX	BANG	FUCK	SHAG
MATE	BONE	SCREW	HOOKUP
COITUS	MAKELOVE	RELATIONS	FORNICATE
GETTINGLAID	GETTINGDOWN	INTERCOURSE	BUMPINGUGLIES

THE OFFICE LIFE

THE SAME OLD SHIT, DAY AFTER DAY...

P X M Z G D J V T M G U X D C G X N E C T D D
F H D Y H H J S U B P J Y Q O X V D B A G E Q
C F S A Y T N W S T B A Z D Z V G T J L P N B
J V V I N I E Y U E W M P N R U S F N G C O M
H L U G F K B A J M N B J C X J A K F D H Q G
U U L A S D W I M V A L X J I W F G P B W V Q
J S M E T S E U V B P V L I P J O T Z W Z M A
M K G A E A Y V I G U L A I K G X L V V P I U
S I E N N F Y M A V A I L L G U J N X J V J N
Y B S M I R F T P W X M L U Z N K B X Y C L O
I T O S D T E O R A O M O D Y Q I Y A M R N P
F N L S I S E S C A T R J Q I Z T D K P K C T
K Y D O H N E E O E P H C N S N K P A I I W X
I X R E V L G I M U L A Y I N U G Z D E M L I
T U A P A E Z S M M R A Z C M A R B X G R L I
Z R M N I D T W U E S C T Z A M X E P V G P L
Q D A T T S L R T P N T E S I R K B D D I P S
H G X I Y J S I I G P E S S L P D W X S M T I
I Q I I N U O O N A S L R E U Z N S Z A G W G
C U T O S I N M G E N E I F S J A B G Q H K J
T P Q R E W N Q I S S G V E B L E E N K X T X
K H Z Z Q A Y G G N L B L Y S J Y V J T Q P T
N D M B X S B W C I F M H E M V W Y U L V K S

COMMUTING	MEETINGS	GOSSIP	DRAMA
DEADLINES	PIZZAPARTY	SYMPATHYCARDS	FRENEMIES
LOVETRIANGLE	HUMANRESOURCES	MICROWAVEDFISH	STALECOFFEE
TRAINING	TEAMBUILDING	MISSINGSUPPLIES	SPREADINGILLNESS

I THINK I'M DYING!

SOME ASSHOLE CAME TO WORK SICK

Q	N	B	T	D	C	L	W	U	M	A	N	J	K	E	I	D	C	M
O	B	F	V	T	B	K	K	A	D	Y	X	Q	H	X	E	B	T	I
C	S	H	V	Y	A	F	E	V	E	R	P	O	T	V	S	G	Q	O
H	E	K	D	I	A	X	R	O	P	U	O	S	P	I	G	K	S	F
H	Q	O	U	P	J	B	W	S	O	R	E	T	H	R	O	A	T	M
U	S	Z	Q	A	S	W	R	M	R	I	E	H	C	A	D	A	E	H
K	A	J	J	E	D	K	O	Z	T	O	N	S	H	O	E	N	X	S
Y	C	B	Q	F	R	H	N	W	S	L	F	I	I	B	D	H	F	Y
Z	H	Z	E	I	K	C	V	I	F	U	D	D	L	G	B	M	D	P
G	T	E	B	X	L	Y	G	I	R	S	C	I	L	L	X	W	Z	M
S	N	E	E	Z	I	N	G	A	U	D	E	T	S	U	A	H	X	E
A	T	I	L	G	F	Q	Z	N	M	U	S	U	O	O	K	C	K	D
N	R	A	Z	I	B	D	I	L	C	T	F	T	S	Y	Q	N	M	I
X	P	N	Y	O	O	Z	A	Z	E	H	L	L	R	S	M	Y	N	C
L	V	F	Y	V	O	T	C	C	L	Q	F	Q	T	O	I	E	Y	I
X	M	B	W	T	X	B	K	M	Y	V	Y	C	A	Q	P	T	R	N
K	K	C	S	B	N	R	C	R	V	U	S	T	A	E	W	S	W	E
F	U	W	A	H	L	Z	A	P	P	K	K	A	H	Z	M	D	D	S
T	A	C	G	C	E	R	T	U	F	R	C	K	V	A	T	K	D	M

SNEEZING	TISSUES	HEADACHE	SORETHROAT
FEVER	SWEATS	CHILLS	SNOT
EXHAUSTED	MEDICINE	DOCTOR	CALLIN
OOZING	TOILET	SOUP	SPORTSDRINKS

SAINT PATTY'S DAY

AN EXCUSE TO GET DRUNK? YES PLEASE!

S	G	P	C	F	S	L	L	S	G	H	Q	B	L	T	Z	N	P	J	O
Z	Q	A	A	S	W	S	D	J	I	Q	A	X	O	G	U	J	H	V	Q
N	P	Y	F	E	E	B	D	E	N	R	O	C	T	P	V	A	G	M	K
N	E	F	B	W	Y	N	Q	S	B	N	H	M	E	X	L	I	F	Q	I
Y	G	E	Y	U	Z	Q	D	P	T	N	K	Q	X	L	C	A	R	M	A
R	I	D	R	G	Y	F	O	H	C	N	R	T	N	W	F	J	F	M	I
S	G	Z	S	G	D	M	M	D	I	R	E	L	A	N	D	U	M	Q	F
M	I	F	U	F	R	S	T	O	R	R	A	C	H	L	Y	T	Z	U	O
Y	M	A	P	E	X	A	D	F	X	C	A	F	C	P	R	B	L	U	A
Y	N	R	C	W	B	C	E	N	Z	Z	T	I	B	A	R	S	V	F	O
N	W	E	U	L	N	S	H	W	F	K	L	S	N	V	E	D	W	Q	L
L	U	S	D	T	Z	E	G	A	B	B	A	C	S	B	Y	K	Z	O	J
P	Y	A	G	K	O	D	C	W	R	E	V	O	L	C	O	T	A	F	O
I	D	Q	H	O	Q	A	O	Q	J	M	V	G	I	R	G	W	N	F	E
N	K	D	K	C	L	E	C	S	R	T	S	J	G	Z	M	U	Y	C	V
C	O	L	O	R	E	D	D	R	I	N	K	S	E	O	T	A	T	O	P
H	Q	M	Z	Q	F	R	A	M	F	Z	C	N	D	U	I	R	I	G	P
H	W	Q	F	T	M	H	P	A	R	A	D	E	T	V	E	U	P	J	Q
K	L	Z	Q	J	N	X	O	E	J	O	I	H	N	I	Q	F	X	S	I
T	M	V	Z	C	N	M	F	W	L	D	X	W	H	N	D	S	F	S	Q

WEARGREEN	PINCH	FAKEACCENTS	LEPRECHAUN
GOLD	RAINBOW	CHARMS	CLOVER
BARS	CORNEDBEEF	CABBAGE	CARROTS
COLOREDDRINKS	POTATOES	IRELAND	PARADE

SHITFACED

"...AND THEN CAME THE SHOTS"

E T A K C F Y X B Z K S G W T L H O H V M

B L A C M F T N T U F U Q L V Q O W A L M

S P M Y M Q R Z I C Y I Z P U K G Y N D I

T Y F N Z G O O L S H M T G R F Y V G C I

H I L H E X K R D A X J Y U P O R A O H D

G O P K J W W H T J U K E B O X P E V S C

J C M S V B B V D K Q G X K F K J S E I H

Y B J H Y M E E T Z C X H L O B C L R H Y

U R A O Q H P Y S L N Y N I Y A Y A K Z C

O E H T I P E Z L T N A S P N W R N L Z E

B U M S N H B G F K F W V Z A G U A W B S

Q R N M I E P J P O Z R E S H J I W K U Z

C T K U R G P G Z S V S I V A L V P C Z D

Y B W D V A G O W P Z H Y E K S I H W Z K

E Z Q K B X P U L G C S M X N Y Q Q R E X

B D G A X A E R L W L P R B H D P Q K D I

L E R F G O R E A S Y A G F H H S U O S M

V V E J M Q A F C H J D R J G L I H U M G

W B A R F E T U O S O H X U I H H Y D K M

W O B R N G U W M O V U P X H I X W O F D

C J G F D U L N G K D E H G R J C L O L X

OPENTAB	BEER	WHISKEY	TIPSY
SHOTS	BUZZED	SLUGGISH	CHEERFUL
JUKEBOX	KARAOKE	BARFOOD	LAUGHING
NEWBESTFRIENDS	BARF	BLACKOUT	HANGOVER

HANGOVER MUNCHIES

THE GREASIER, THE BETTER!

S	W	Z	G	M	R	K	U	M	Z	Z	I	B	A	E	H	R
G	S	M	B	K	K	I	T	N	P	O	R	Y	T	H	R	Z
S	J	O	E	U	U	D	O	O	F	T	S	A	F	R	S	B
K	O	P	D	O	R	X	W	H	O	O	O	N	R	E	S	N
Q	H	H	Z	K	F	R	E	N	C	H	F	R	I	E	S	O
B	T	P	C	W	C	R	I	V	Z	P	U	P	E	F	C	F
R	X	M	C	A	E	O	G	T	G	X	P	I	D	L	I	U
N	K	S	D	H	N	U	R	F	O	U	X	Z	C	S	V	R
H	D	T	E	R	E	F	F	B	P	W	F	Z	H	M	K	O
U	M	U	I	N	C	E	B	H	I	O	J	A	I	E	W	H
Y	O	N	R	D	T	U	S	N	M	U	N	W	C	W	R	S
J	G	O	F	A	R	U	G	E	O	D	B	U	K	F	I	T
H	W	D	P	G	H	S	L	O	C	C	Y	V	E	Q	A	I
B	N	P	E	F	B	E	L	H	V	U	A	B	N	I	K	G
O	A	R	E	T	T	C	I	C	G	A	R	B	N	N	I	Z
M	A	I	D	T	K	P	M	W	J	H	H	D	W	D	O	N
C	J	K	E	R	S	Q	W	I	I	U	U	I	F	X	U	U

FRIEDCHICKEN	DONUTS	ONIONRING	FISHANDCHIPS
OMELETTE	CHEESECURD	PIZZA	BURGER
FRENCHFRIES	WINGS	BURRITO	HUSHPUPPIES
FASTFOOD	DEEPFRIED	BACON	NACHOS

GETTIN' HITCHED

ALL TRANSACTIONS ARE FINAL.

```
E G A Z V E J I B G L K H B J C X U V G H
W N M X O F A W H U I T P V I Q Z C Q A O
P O R E W T V W Y X H T V L G A C V N S C
L K V R S Q U E E D V S E H A C W D B C N
T T X E Y A O X G U S Z L N X U M R A D I
Z T J L N D V R E A O N R D A X X U L P V
K Q P O S U U E Z D H J K G T W S H L X L
V F P R E C E P T I O N Z U L V V Z V V T
S Q L C E X S B F H O A R X E D P B M W M
D E K O I Q T M S F E Z E F Q H C I Z J N
W V K A W B B E T Y L D P H E B U L M G B
M P C A T E R I N G S H A L K I C G N N K
S G J I C X R I U D B E Y T E L G F I P H
U W S U A E L S D R E V Y B E M V Q N R T
B F N T C L H O T E Z D Q H G E T Q F Z F
P C Z H C Y H T S S Z S F A Y T X S M Z W
F N P B X K Y F T S S I K A I I O W P J B
P O B R T C R W J U E U L Y M Q B Y M X C
L A P T O M E U B S C R K L I I S I X E T
V Z F P L A N N I N G C T W A Q L E S H B
K A R B J I S B O G L Q D S U R Z Y M E M
```

YES
SAVETHEDATE
DRESS
VOWS
EXTENDEDFAMILY
CATERING
TUXEDO
KISS
PLANNING
VENUE
RINGS
RECEPTION
STRESS
FLOWERS
BRIDEZILLA
CUTTHECAKE

D.I.N.K.

DUAL INCOME NO KIDS ...MUST BE NICE.

C K Y K B P R P U F F J D H G D E P I P G
M V E R P S T I M E F O R F R I E N D S T
E X A M N T T N A W G Y I V Z Z H F Y S L
M I S P I Y Q W H Z Y N U G W F Y J S W B
E A Y Y U T P Z J J U L I R Y N V S C Z Z
H F M R O I E B R C Z N W Z D B L G E B I
N I E P B T Y E N O M B H F I P F Z W C S
G S A L K X W R R T F D N Y A L O F N J E
S R L S B C R E Y F Z I C G V C A H I P I
A F S R C A Z H N O O B L I G A T I O N S
E A R W A S T H G I N E T A D G V O C X I
N K X Z R E C R E V E N E H W X E S H O F
K Z M A X E T U O G N I T A E X F W V I S
P S C H W T E B E F O Q G F R C W D N P P
X C F I I H R P E S M O J V N J C X H W O
S X C A Q E H L T D E O D D G X X G K E T
S C H M W W E K Z N S C C S Y V Z B M V W
M G Z Y X O R D D X U S U F L K V I L B Z
D N A T Q R H P X F Z I E R L E D O I B N
K O V W F L E Z G N I X A L E R E M B R T
J M K H U D J W C I F W H W A T K P X R H

RELAXING
EATINGOUT
TIMEFORFRIENDS
SECURE
SEETHEWORLD
MONEY
SOCIALIZING
DATENIGHTS
FREETIME
LESSDEBT
EASYMEALS
SEXWHENEVER
NOOBLIGATIONS
NEWTOYS
COMFORTABLE
GOODSLEEP

IN-LAWS

THEY CAME WITH THE DEAL

V	P	O	L	I	T	I	C	S	W	C	Q	N	C	Y	O	N	X	H	P
F	L	O	P	I	S	D	B	W	S	M	J	T	G	T	V	D	G	W	O
T	I	S	M	V	V	G	R	J	A	R	D	K	W	Q	Q	Y	D	S	V
M	T	R	U	T	N	E	N	I	O	L	F	P	N	J	Y	H	E	Z	V
I	G	T	S	O	F	D	T	I	N	E	N	J	W	M	T	F	J	F	V
O	H	C	G	E	U	C	S	O	R	K	I	I	M	M	T	G	Z	L	V
U	X	G	K	A	I	T	J	C	O	T	T	G	R	O	G	M	H	F	A
T	A	E	D	L	B	B	P	T	H	C	S	O	N	E	A	E	A	I	K
S	M	U	K	W	J	B	A	M	R	E	L	N	C	I	T	N	S	L	Q
I	P	A	F	A	B	D	V	B	U	Q	M	O	O	O	L	S	R	L	K
D	O	U	K	Y	R	H	Z	R	D	S	E	I	S	R	P	D	N	E	H
E	C	A	P	S	O	N	A	O	T	N	E	D	N	E	P	E	D	O	C
R	M	R	H	P	Q	W	X	I	L	P	A	R	N	G	E	A	C	E	M
M	Q	C	A	R	E	S	A	R	L	K	N	M	P	I	W	I	A	O	M
U	H	F	H	E	S	N	O	I	T	A	T	C	E	P	X	E	L	X	B
W	Y	L	F	S	J	J	X	Z	I	C	F	R	R	D	R	Z	P	I	X
T	Q	S	S	E	R	T	S	Y	A	D	I	L	O	H	L	Y	D	C	I
V	K	W	S	N	K	W	P	H	M	U	Q	X	M	T	G	R	I	M	C
O	Y	S	U	T	M	B	Y	P	K	V	I	O	W	T	A	Y	F	N	P
Y	O	X	R	B	E	F	K	X	X	E	R	P	L	F	S	S	V	K	G

MONSTERINLAW	ALWAYSPRESENT	PRYING	LIVETOOCLOSE
APRONSTRINGS	PRESUMPTUOUS	EXPECTATIONS	OUTSIDER
MEDDLING	CODEPENDENT	DRINKTOCOPE	POLITICS
NOSPACE	SCHEMING	HOLIDAYSTRESS	DEMANDBABIES

THE SIGNIFICANT OTHER

THE PROS OUTWEIGHED THE CONS

P	E	U	S	C	R	Z	D	H	D	X	V	P	X	S	O	D	O
I	Y	P	N	X	M	N	C	G	V	V	D	L	V	X	U	X	F
K	S	A	T	Q	P	J	T	L	N	D	D	P	F	L	I	B	Z
F	G	T	P	H	A	T	N	D	H	I	V	Q	E	T	F	H	O
Q	G	C	U	L	O	Y	O	U	N	Y	T	Z	X	N	L	M	F
R	S	O	G	N	D	U	F	M	F	P	X	N	M	R	V	J	W
S	V	W	N	I	N	G	G	X	U	O	S	E	E	Y	U	Q	C
W	S	C	I	W	N	I	N	H	N	Z	C	Y	S	V	F	M	A
Q	S	E	V	A	X	G	N	I	T	A	R	T	S	U	R	F	D
W	B	U	V	K	X	T	G	G	V	F	R	I	Y	E	V	O	O
X	X	M	O	K	L	B	S	F	K	O	U	H	W	X	X	R	R
D	L	N	R	I	E	U	W	E	I	Y	L	L	P	I	L	G	A
R	R	O	L	M	V	K	T	D	N	E	I	R	F	T	S	E	B
H	V	O	E	N	M	I	J	Z	K	O	K	F	E	H	K	T	L
L	O	Q	J	X	V	F	L	X	Y	U	H	Y	N	N	U	F	E
K	D	W	P	U	A	E	Y	B	R	P	R	U	Z	L	D	U	Y
U	B	Q	W	E	V	I	T	R	O	P	P	U	S	B	E	L	S
Y	J	W	M	O	Y	L	B	K	U	Y	T	N	O	X	Z	E	S

LOVING	STUNNING	SEXY	FRUSTRATING
FUNNY	KLUTZY	THOUGHTFUL	ADORABLE
MESSY	FORGETFUL	SUPPORTIVE	VENTING
OBLIVIOUS	BESTFRIEND	KINKY	HONEST

PUTTING DOWN ROOTS

STEP ONE OF BECOMING YOUR PARENTS

L I S F A N Y T R S Z P W O F L T B I
J O V G Y U H Q Z N F B Y O E C O M J
G S V K D B X H A L Y D O X B I E Z R
T H O U S E H U N T I N G X N B T G L
R T L C B Q T L F U C S Q O E F G K V
O X L O F H S P P S N D I G N S N N Y
T M W J B R O K E I N T R A N S I T X
L M P M C O H K U C S O H J B Y M E S
A M O V I N G T R U C K R O B W R P S
E G A G T R O M A E F A F F K P A B E
R Y Q C B Z V H D Q U A R O U C W T H
B D S B R Q X W N I B S Y E K H E S C
Y H E D T E E U X G W G H I F U S Y A
D J A T C N J E R U T I N R U F U J K
G N I Z I N A G R O M G P V F M O M C
R L S H Q C R B X V T C V L T M H P A
E Q V E Y K X C N A O V E H X X M E B
L O X L L T V E P P F K W U J U U D Q
J F F A O X J E U R C I M O C X B I P

HOUSEHUNTING	REALTOR	OFFERACCEPTED	MORTGAGE
EXCITED	BOXES	PACKINGTAPE	MOVINGTRUCK
BROKEINTRANSIT	FURNITURE	EXHAUSTION	BACKACHES
ORGANIZING	NEWDECOR	HOUSEWARMING	KEYS

LUNCH BREAK

THE DAY IS ONLY HALF OVER? JUST SHOOT ME NOW.

T	J	B	M	H	Y	G	X	I	S	E	I	R	F	C	C	S	T
F	V	G	K	N	N	H	E	S	A	N	D	W	I	C	H	V	T
M	V	F	M	K	E	A	G	K	L	F	Y	M	R	N	E	K	L
O	O	H	Y	Y	F	A	H	W	A	U	J	T	M	F	N	B	L
F	K	H	F	A	A	C	X	E	D	H	V	B	J	Q	B	L	X
H	O	A	R	U	L	U	K	W	K	P	S	S	P	I	H	C	T
I	C	M	O	E	E	S	B	L	W	A	J	A	C	Z	C	W	K
G	L	B	Z	E	F	R	T	D	E	C	N	X	V	Z	M	J	Z
U	I	U	E	Z	T	W	J	M	M	E	Q	W	I	P	J	V	D
J	B	R	N	E	O	Q	M	E	T	R	A	I	L	M	I	X	D
N	G	G	M	N	V	A	V	I	R	Z	W	G	Y	K	T	N	G
C	H	E	E	S	E	S	T	I	C	K	I	B	D	I	E	F	Y
C	B	R	A	F	R	M	U	W	W	R	Y	J	C	M	G	B	L
T	N	T	L	L	S	U	A	B	V	O	O	O	I	Q	E	K	I
B	Q	N	F	Q	M	L	E	R	S	Y	D	W	C	I	P	S	P
B	F	H	P	W	R	Y	Y	Y	E	D	I	P	A	R	W	J	V
V	W	N	F	D	B	Y	U	H	K	X	F	W	A	V	F	D	Y
X	I	B	A	Z	Y	B	U	U	C	I	N	B	V	O	E	J	E

SANDWICH	LEFTOVERS	FROZENMEAL	MICROWAVE
CHIPS	WRAP	RAMEN	PBJ
HAMBURGER	SUBS	FRIES	SALAD
TRAILMIX	CHEESESTICK	JERKY	SHAKE

KNOCKED UP

SEE HOW-TO ON PAGE 12!

F	E	U	G	C	B	H	L	A	A	P	G	J	W	X	L	N	T	U	L
Z	I	B	G	A	D	I	I	U	U	T	S	M	I	V	I	S	H	H	N
K	H	O	J	R	T	J	N	D	V	C	T	W	Y	S	R	U	O	L	W
C	Y	F	D	Z	N	G	T	O	N	A	I	R	E	S	Y	R	O	I	U
N	L	D	L	A	G	D	L	E	A	U	T	F	I	L	S	P	W	N	N
R	V	K	F	A	Q	V	V	W	C	O	O	Z	B	M	L	R	X	S	C
T	E	Q	S	E	T	V	K	Z	N	E	N	S	H	S	E	I	N	L	O
K	Q	C	J	E	P	I	C	K	I	N	G	N	A	M	E	S	N	V	M
N	P	O	G	X	P	J	P	P	X	N	G	I	H	R	J	E	T	G	F
L	G	D	R	E	W	O	H	S	Y	B	A	B	Y	X	T	R	U	E	O
M	W	N	J	Q	L	R	G	Y	O	J	O	Q	X	S	V	L	R	I	R
X	J	P	I	M	P	M	B	K	C	H	P	J	X	I	W	L	U	O	T
X	J	E	X	W	E	F	O	O	R	P	D	L	I	H	C	R	C	U	A
A	Y	J	R	I	O	S	K	R	A	M	H	C	T	E	R	T	S	I	B
K	G	E	N	D	E	R	R	E	V	E	A	L	N	A	F	L	H	X	L
N	P	Y	K	M	A	K	G	O	I	B	F	Y	Z	B	T	M	S	T	E
P	N	F	R	W	W	P	A	E	N	O	M	R	O	H	H	R	R	K	X
D	E	C	O	R	A	T	I	N	G	W	I	H	Y	N	S	S	J	U	L
M	Y	C	Z	P	Q	F	S	B	S	T	K	N	W	L	Y	K	L	Y	Y
K	Z	E	R	Z	C	C	Y	X	R	A	F	I	M	B	Z	K	A	C	O

SURPRISE	JOY	GENDERREVEAL	DECORATING
CHILDPROOF	PICKINGNAMES	HOSPITAL	ULTRASOUND
TRIMESTER	HORMONE	BABYSHOWER	CRAVINGS
GROWING	SWELLING	UNCOMFORTABLE	STRETCHMARKS

INCOMING!

SHIT, SHIT, SHIT...

T	Y	C	H	C	M	M	V	V	R	C	N	V	I	P	I	Y
C	H	O	Z	C	P	M	J	P	H	N	U	X	R	V	B	B
M	V	A	K	K	K	L	G	U	E	O	R	C	W	U	E	M
D	W	Y	C	B	L	O	E	S	G	F	S	Q	Z	E	C	D
O	C	O	R	J	H	Y	P	H	B	R	E	P	S	G	A	C
R	M	A	N	Q	B	C	I	W	O	A	S	T	I	A	I	X
B	H	C	Q	S	L	U	D	N	Q	N	V	S	G	T	K	F
S	L	K	C	T	H	T	U	L	O	T	K	K	C	V	A	W
O	K	U	B	N	C	T	R	G	A	I	Y	I	K	T	Y	L
T	Z	Q	L	M	C	H	A	X	F	C	T	D	N	N	C	O
P	P	F	Z	Q	B	E	L	E	F	S	J	C	P	G	X	R
Q	A	I	O	Z	A	C	C	A	R	R	I	D	E	T	D	Q
D	I	L	A	T	I	O	N	E	X	B	V	I	D	S	Q	S
C	N	M	E	Y	Y	R	C	T	S	R	I	F	R	E	C	D
J	W	Z	E	L	S	D	P	Z	A	C	Y	E	E	P	B	G
N	D	W	G	N	I	H	C	T	E	R	T	S	O	E	Y	J
T	F	K	A	E	R	B	R	E	T	A	W	F	N	S	F	N

WATERBREAK	FRANTIC	CARRIDE	HONKING
DILATION	PAIN	HOSPITAL	NURSES
BED	EPIDURAL	CSECTION	STRETCHING
BREATHS	PUSH	CUTTHECORD	FIRSTCRY

HOSPITALS

LEGALIZED EXTORTION

T N S D Y Y R Y Y F G N J Y S B C T D F Y
J N D L Y A Z W E O T M R Y V R R B E O R
T L E X W H K R O W T E N F O T U O I Z H
U T S I L A I C E P S D K Z L V R Z A U Q
H G I K T J M O P F V I V C B L Q L Q K N
U D K N B A U Y J A N C Q A O D R H L A L
W G K S U F P E J M E A K U V P X M C N P
C O N F U S I N G B I L L S Q T F U F T E
K V O I I G V I I U T D B S A N U O C K E
R Y Q K C E Z Z B L V E D I U Q F B T M Z
W J C T A I V S P A M B T Z T R V J V U F
C V G M C J R W Y N Q T G E X C G M U B O
J O Y Z L K Z P A C S T S O C P U E D A M
H W P F G G Q T N E N Y X G C C Y D R C M
C L M O V G O Q Y E Y E Y F T F H I E Y A
P E V X B V O C Y V D O G I T Z H D H D S
H E N O T C O V E R E D I R S B H F W B F
U U Z P R E A U T H O R I Z E D W J I A G
X E G U O G E C I R P K M H N M Z D X J L
M C Y U B G I N I N T E N S I V E C A R E
R I Q B Y K U S T R L M H E I C M K J F G

EMERGENCY	AMBULANCE	OUTOFNETWORK	INPATIENT
SURGERY	HIDDENPRICING	INTENSIVECARE	PREAUTHORIZED
MADEUPCOSTS	NOTCOVERED	CONFUSINGBILLS	DEDUCTIBLE
PRICEGOUGE	OUTOFPOCKET	SPECIALIST	MEDICALDEBT

BUNDLES OF JOY

IT'S ALL A LIE.

C X Q P J N H G F O R P H A L G A R X T
I U D M B G J J H A X Z U Y W R X C V E
H Y B H C M I M T X H R W G R K T D J M
K G P H F T G D E M A N D I N G A U V P
M O C Q E L G N I P P A N W B I N A A E
P Z R S H G Z W I M J X O S L P Y U D R
T I X I I S N M P D U M K C O U X R H A
T J J G A K O A E P E F H Q W C A W C M
S M O E C H S P H E I E T X O W K Q P E
B F U Y Y K C P O C G T F I U X X Y P N
V E K Q S P H G S O R E L T T O B I A T
C Q F P R Z E E N M P E E L S O C S S A
T F S A I P D C M I I U P Y B A L L U L
F Z V N Y O U S D G K E I A Z Y E L D P
B B R S P L L T G K H C C I I W Z R H K
S W A D D L E D I Z A D O F C D H W B D
X R R W U X K F H P D P O R W S O F Z G
N C Z A M J J F V Z S M A S I T X P X X
Q K V Q X I B W R W Z S A I K E Z L I S
H Z S I V G O R T E N B Y K O I U W I M

HUNGRY
CRYING
POOP
TEMPERAMENTAL
DIAPERCHANGE
ROCKINGCHAIR
SPITUP
LULLABY
BOTTLE
DEMANDING
NOSCHEDULE
SWADDLED
BREASTFEEDING
COSLEEP
NAPPING
BLOWOUT

SLEEP

CHERISH IT WHILE YOU CAN...

Y	Y	Y	B	Y	H	Y	R	E	D	F	H	P	L	C	F	H	F
E	R	A	R	U	X	B	F	F	T	E	B	L	L	Y	A	F	I
U	L	A	Q	A	B	D	K	J	X	F	I	Y	F	E	J	I	M
O	V	V	E	D	E	U	G	I	T	A	F	V	S	U	Z	Q	D
D	T	Y	X	W	F	L	E	E	T	I	N	G	A	S	H	J	J
R	O	D	S	J	D	G	B	Z	X	O	G	K	P	P	G	Y	K
O	E	E	G	W	O	E	B	K	D	L	S	N	P	O	E	P	U
B	K	Q	D	I	O	K	L	J	I	P	X	X	E	R	F	F	X
E	Z	V	N	E	D	R	A	I	N	E	D	E	D	A	J	X	A
L	A	Z	Y	O	T	T	D	U	R	X	S	V	I	D	H	Y	U
V	H	N	A	F	D	P	T	Z	W	I	T	H	Q	I	A	H	M
Q	Z	O	V	O	J	G	U	U	Y	I	O	J	W	C	G	Z	L
R	S	O	Q	S	Y	T	I	R	B	X	S	U	B	A	Q	V	S
G	W	M	M	O	T	X	O	V	R	I	S	A	S	V	U	A	J
G	W	P	Y	B	K	N	A	C	K	E	R	E	D	U	J	O	O
S	M	F	Z	S	I	H	E	B	B	K	T	Z	Y	Y	P	D	Z
Y	B	E	A	T	G	E	I	P	P	F	U	N	G	E	T	P	F
M	M	J	Z	Z	U	T	L	D	S	U	D	Z	I	A	J	C	R

FLEETING	RARE	SPORADIC	INTERRUPTED
DELIRIOUS	DROWSY	ZOMBIE	DRAINED
SPENT	WEARY	SAPPED	BEAT
FATIGUED	BLEARY	JADED	KNACKERED

BATH TIME

"IT'S IN MY EYES!"

G V X G F F Z F K B S W W M E E C V P E F B
I N Q U K Q I O S I G V N Z I L T A O Q M Y
X G I G G L E S O E K Q F Y S S W O B F F A
J A Y H T L I F B A T S S E I W N L N V R Z
H F I Q S R D Z F X U E Y P B Z O P G A P A
Y T V C Z U K N Y O L K Z K A N W Y R Z V K
Z N Q G B U R C S E Y Y J B M C Y N Y K Q K
E B U B B L E B A T H R L Z P Z P W X G D D
F D Z R C S O V B H G I D E K A O S U U C E
B E B B P T O T X M B A T S W D K U B D I Z
T S H U U E G H I S M V D F N O Z D H H B W
J S H H D P I C S O O P M A H S T S C B O Q
D D L N I R J L Z A N T F K N N D H K P C L
X V H Z N J Z G T P L H W Y T D Y G Y P N Y
E W G F Q I C J G O G P A I D Y A E B T H G
H F G W W N Y U K P N N S W V F C D W P B M
G W A T E R E V E R Y W H E R E D K F Q C P
J F G E G Z A D N J C R C E W H A J O T E N
M O S A R E Q Y H D K N L H H R P E G F W N
F C U L A K L A Z U F P O L B A V D G L F Z
C E F J T W F O B J E U T J W X J S E F X P
F Q Q J D O E Z U D J S H O W S X U I J I E

SOAP	SUDS	FILTHY	WASHCLOTH
SHAMPOO	BUBBLEBATH	SCRUB	GIGGLES
SPLASH	SOAKED	PRUNY	WATEREVERYWHERE
TOWEL	DRYOFF	LOTION	BRUSHING

LIGHTS OUT

WHY WON'T THEY JUST FALL ASLEEP!?

L R I W A G S Z T X Q Z W H R X M N F C
G A K F Z Y B V F R X H S M T Q X S K H
L V M P M X I B N A R O Q E P F U S P Z
T H G I L T H G I N H H R H X Z D X S O
F K B N N K B H N Z Y W A O B C J Q C M
W P R P I A E S E I B E Y Z R S P A D C
U O U A C T D R M L R Q D P B P A X P D
C E S J D W R E A S A O X E B H F M P M
K K H A U F O O F M T N N O I F Q G Z Y
Y B T M R J O L F F T O A S N C V S R C
A P E A Z N M D L M U H R H O H U B S C
R F E S O J P U I I O T G Y Z W O P L J
L F T E O W B A X A P C S I T X U O G Y
J L H J L K S M A E R D J R N I K Z P Q
S R R S M S O G N I T F I R D R M E U I
K O Q S M I G S T E K N A L B W T E C B
B S X D S C A R Y N O I S E S K H Y X X
W X V W A M U X V E N I S T G Z M B B R
W E L H D B L G A M K D B X W A D Q U D
B I I Z U S H C I F Y T Y L Z L O U X N

PAJAMAS
NIGHTLIGHT
SLEEPY
NIGHTMARE
BRUSHTEETH
STUFFEDANIMAL
DREAMS
COMFORTING
BEDROOM
PILLOW
SCARYNOISES
DRIFTING
STORYTIME
BLANKETS
AFRAIDOFDARK
SNORING

DAYCARE

A PETRI DISH OF DISEASE

G	G	Y	A	O	P	E	A	Q	E	D	E	U	Z	A	R	P	I
P	Z	G	U	B	G	N	I	K	U	P	B	O	V	J	L	Y	F
G	T	O	N	S	C	P	L	U	W	H	I	N	I	N	G	I	M
S	H	A	R	I	N	G	A	S	N	Z	A	K	C	J	R	Z	P
G	R	O	S	S	K	Z	M	T	L	D	I	F	R	V	M	T	P
T	H	D	J	J	D	C	G	Y	W	O	E	L	Y	G	C	F	U
C	M	B	E	V	U	L	I	N	O	G	B	U	G	N	M	A	C
I	Q	K	G	T	O	O	O	P	I	I	H	B	A	H	V	J	Q
E	J	K	L	O	H	S	S	C	E	Z	Q	M	E	P	P	L	Y
Q	J	P	C	I	T	U	T	K	M	S	E	P	A	R	C	S	I
K	Z	P	L	I	P	R	C	H	A	C	O	E	N	T	W	L	H
W	J	V	I	L	S	E	A	L	G	E	U	N	N	P	Z	F	N
G	J	H	L	C	O	S	T	L	Y	I	R	C	R	S	W	Z	S
W	X	E	B	F	N	C	Y	P	K	X	F	B	K	Y	Z	S	G
A	S	V	A	O	N	U	Q	A	X	S	Q	B	T	W	V	A	H
H	G	A	B	V	O	E	U	B	W	N	M	C	M	U	X	Z	Z
I	K	O	C	O	U	L	V	F	Z	L	M	S	Y	U	O	C	T
L	C	U	V	W	N	C	U	T	P	L	A	Y	I	N	G	N	O

PLAYING
GROSS
PUKINGBUG
FIGHTS
SHARING
SNEEZING
SLOBBER
ALWAYSSICK
SCRAPES
SNOT
OUTBREAKS
COLDS
WHINING
NOSEPICKING
CLOSURES
COSTLY

ARTS & CRAFTS

TO WHOEVER INVENTED GLITTER: FUCK YOU.

T X W N Z I O J C A G I G L Z S I F P U P U
U X L V S W Y I A Z X G T Q U T K Q A R G N
E Q T N T I L U D G U C Q X B W U C M A I F
P E Y C I X W Y R H G W V K G N J J E R T I
Y O S T C A W K F P B X X H J I W K N G D A
S R W I K W V Q V K E M E I R G H X C F T M
S B R S E C H P D S D Z Y M M U D O X D E R
E Q Q O R L C T G R J G I Z F T V F U R W Q
M A B T S O R Q E R G T W S V P A S X O J Z
U W M M Q K S T L V M O M T L U G P K G A O
B M V U X C T S F N G S T M O U N I N P A U
N J P X N I F W I G V D T E Y M G L F N K Z
K W J W L T C D N C U R W A N N F L B Q X G
M D C G U S R N G D S B L K I T G S F U E A
B P U N A E L C E H N C Y W O N O T S Z Q N
R O Y Q R L S R R P A P A R X M S V Z G B D
P L X L I C N E P D E R O L O C B H I V E G
B Z T O H I O B A A D G J I U P L A K P Y B
B N W B L S Y Z I K N U L S R E K R A M C R
P S P R E P A P N O I T C U R T S N O C E M
P T H W P O R Y T A I Q F C E I Y S K R G F
V W M C Q P C Q Y R H T O P O L O Y G V T O

SPILLS	DRAWING	SCISSORS	CRAYONS
STAINS	CONSTRUCTIONPAPER	POPSICLESTICK	MESSY
CLEANUP	GLITTER	COLOREDPENCIL	MARKERS
CLAY	FINGERPAINT	GLUE	STICKERS

CAFFEINE

NECTAR OF THE GODS

Z	K	F	J	P	O	U	N	U	Q	Z	I	K	V	K	Y	O	N
M	V	O	R	A	A	S	S	T	Y	R	K	U	N	S	F	N	E
C	C	A	N	N	J	E	S	V	C	E	G	O	O	W	A	L	P
A	I	P	L	I	K	Z	T	E	L	I	N	T	U	O	G	N	J
E	E	F	F	O	C	N	T	S	R	O	D	V	A	T	O	Q	W
G	G	T	I	V	C	C	I	I	A	P	T	D	W	W	B	E	L
D	S	Y	A	R	N	W	U	R	G	O	S	N	A	E	B	P	P
D	I	B	R	M	U	I	E	P	D	U	R	E	T	V	R	S	G
S	K	A	U	E	Y	N	F	A	P	Y	K	H	E	T	A	B	X
T	D	P	T	B	T	J	R	W	H	A	G	T	A	D	Z	J	X
V	B	V	A	S	S	T	U	L	X	Q	C	R	G	H	B	Z	G
A	N	T	W	L	I	X	I	N	T	M	S	T	E	E	P	G	F
R	F	E	U	A	P	R	P	J	W	G	N	W	P	N	S	E	F
Q	U	D	Y	D	S	A	A	L	A	Z	Y	Q	C	S	E	A	G
U	T	E	A	X	T	N	T	B	Z	J	N	J	E	H	A	M	E
C	Q	A	A	J	Y	R	L	I	C	G	S	X	G	N	S	P	C
D	S	D	X	K	C	Q	X	B	O	Y	Q	Y	R	X	L	K	V
H	A	U	C	T	C	S	O	Y	K	N	B	Q	Q	N	R	G	G

COFFEE	TEA	BREW	ESPRESSO
COLA	BARISTA	ENERGYDRINK	MATE
ADDICT	STEEP	ROAST	JITTERY
PALPATION	CAPPUCCINO	BEAN	JAVA

FRIENDS

WHAT ARE THOSE?

U	X	J	A	D	A	H	K	Q	L	H	Y	Q	U	F	E	B
S	N	T	R	D	N	I	H	E	R	U	T	A	M	M	I	Y
L	Y	R	C	H	I	L	D	L	E	S	S	K	R	Z	A	B
T	A	A	E	S	W	J	Y	D	U	S	A	G	J	F	T	L
Y	W	P	D	S	L	K	C	H	A	N	G	E	D	D	N	P
S	A	A	M	Y	P	I	O	S	J	E	A	L	O	U	S	C
U	D	N	Q	E	R	O	T	U	O	G	N	I	L	L	A	F
B	E	W	R	N	S	O	N	A	C	B	W	B	R	M	Z	E
O	V	O	K	E	Z	A	L	S	C	J	O	Y	J	X	L	Q
O	O	R	U	W	O	C	W	G	I	J	D	X	Z	B	F	Z
T	M	G	C	C	P	G	N	M	S	V	D	E	A	Y	H	S
D	A	N	T	I	S	O	C	I	A	L	E	I	Y	O	L	C
J	W	G	M	R	Z	B	P	A	I	G	L	A	T	S	O	N
C	G	E	V	C	S	I	K	K	Q	E	T	W	L	O	N	Y
R	X	N	F	L	L	P	C	H	R	P	T	B	L	O	M	C
U	X	B	K	E	O	Z	N	N	Q	Y	E	K	A	L	F	Q
C	B	U	A	S	W	A	U	F	R	P	S	E	S	I	R	R

GLORYDAYS	NOSTALGIA	FLAKEY	UNRELIABLE
TOOBUSY	GROWNAPART	UNRESPONSIVE	MOVEDAWAY
IMMATURE	FALLINGOUT	CHILDLESS	JEALOUS
CHANGED	ANTISOCIAL	SETTLEDDOWN	NEWCIRCLES

SUNDAY SERVICE

THE WORLD'S BIGGEST BOOK CLUB

T	C	I	A	M	Y	H	W	C	X	M	C	Q	F	G	X	D	I	W	V	O
Y	X	M	V	M	L	K	O	I	N	M	X	W	H	Q	A	J	Z	X	W	Y
P	E	P	C	D	G	C	H	N	M	O	Y	U	Z	K	T	M	E	C	X	N
W	L	N	E	V	A	E	H	H	F	L	O	Y	G	S	N	P	B	W	L	Y
F	W	L	L	E	H	C	A	E	R	P	G	G	L	R	V	A	L	B	E	M
V	E	V	S	X	L	Y	R	E	H	D	O	T	A	Z	N	C	X	Y	L	O
B	F	R	R	L	B	S	L	I	V	E	D	V	H	E	G	F	Q	B	K	L
S	E	S	A	R	E	Y	A	R	P	N	S	Z	U	O	O	J	C	I	Y	B
A	I	J	W	J	G	B	Z	G	S	O	J	E	A	Z	S	J	M	P	W	X
T	I	V	G	H	B	T	W	V	N	M	N	F	R	E	Z	E	P	Y	I	R
S	E	M	A	G	E	H	T	G	N	I	S	S	I	M	I	H	A	Q	K	W
F	H	H	I	R	A	U	U	K	L	N	L	P	V	U	O	T	A	W	C	G
X	H	Y	P	I	T	U	N	V	T	A	S	L	P	W	M	N	J	O	E	O
V	S	S	X	O	T	Q	R	I	C	T	D	K	A	H	Z	W	N	H	R	Q
W	K	L	R	F	R	A	L	E	A	I	Y	E	O	F	T	C	V	N	K	S
C	J	Z	G	Y	K	P	X	J	N	O	C	O	M	P	U	L	S	O	R	Y
I	H	P	X	Q	U	C	L	E	G	N	A	D	Y	O	D	S	I	K	H	I
A	A	S	V	P	E	F	R	I	H	C	I	U	Z	P	N	I	L	U	I	G
F	B	F	J	P	L	D	Q	J	W	M	H	S	H	I	T	F	D	T	G	Q
L	T	Z	O	A	R	R	D	R	U	Q	T	K	R	H	O	O	J	E	M	U
P	D	D	D	O	T	L	O	J	U	T	P	G	G	S	Q	I	U	O	O	M

SERMON
SINNER
PRAYER
ANGEL
PREACH
HEAVEN
GOD
DEMON
MISSINGTHEGAME
COMPULSORY
FALLINGASLEEP
PROPHET
DENOMINATION
HELL
DEVIL
GUILT

ATONEMENT

FORGIVE ME FATHER, FOR I HAVE DEFINITELY SINNED

Q	S	H	T	X	R	Q	S	G	U	E	G	R	T	L	X
P	J	U	Z	V	L	V	Q	G	F	C	B	C	Y	B	P
M	B	D	M	Z	X	H	N	E	O	G	Y	T	S	G	R
F	I	L	E	X	N	I	Z	N	R	R	V	T	I	P	I
R	A	D	U	L	T	E	R	Y	N	E	Q	I	M	T	D
G	L	J	R	E	C	I	X	O	I	E	L	F	A	W	E
Y	L	J	V	U	Y	G	G	U	C	D	K	O	R	G	V
Z	H	O	K	R	N	T	B	L	A	S	P	H	E	M	Y
L	C	L	A	I	O	K	U	D	T	I	U	E	Y	X	A
T	Y	Y	S	Y	T	S	E	R	I	U	F	V	S	Z	R
I	B	R	D	M	T	R	D	N	O	V	N	C	S	E	I
E	U	H	H	J	U	L	K	W	N	E	O	C	E	M	H
C	Y	R	T	A	L	O	D	I	N	E	S	R	M	L	T
E	U	L	O	A	G	J	V	O	G	E	S	W	C	C	G
D	N	J	L	X	R	G	T	Y	N	R	H	S	M	E	R
L	S	R	S	V	F	W	D	M	Y	E	Z	F	Z	P	T

PRIDE	GREED	LUST	ENVY
GLUTTONY	WRATH	SLOTH	FORNICATION
ADULTERY	COVETING	BLASPHEMY	IDOLATRY
DRUNKENNESS	DECEIT	DIVORCE	CURSING

PLAY TIME

DO KIDS EVEN SEE THE SUN ANYMORE?

R M E F L A X X C H D F C G G J W E Z F Q

I O H A D J T K N Y O G P L J O O F D E D

O Q S R O X I Z T W G D Q G Y N E D R P A

D Q Q I F E Z E R W J Z R H M E F A L U J

F K Q W Z X L R G X M X H P Q D M A S A E

Q J W B V I R C N C B H C K X L B V P P Y

P S X I R E L F Y K K K O S F R T W R T M

B C N L V D K E G C L L Q A V I F M I R R

S S W O X I Z E T O I O E O B A L M N G O

E L X K O L Y I E P P B O A Z M U R K P L

A O Y N P L G T E S Y A L P O Y C M L J L

H J I C V R L J A A D X D G V H T D E C E

Y N U O Y E G A L N B N L G N I C A R T R

A M U T U V L H B D Z C A G A I B T G X B

Y V B G S T P L K R A P X E T V W B A L L

X H R I T P S T A O E U R G D B V S H C A

H H I Y R R P I T B A T I A T I I M K A D

G Q B X R K I V D B K Z A E O N H U Q P E

N D T K B M K U X E U C N W L M O X I H S

J L J C H Q D D Q R J R I B O G T L G N W

D O H T B B T M G S P W N K L C Z H S O Z

OUTSIDE
PLAYSET
CATCH
SPRINKLER
PARK
ROLLERBLADES
HIDEANDSEEK
WATERBALLOONS
BICYCLE
RACING
SWING
COPSANDROBBERS
POOL
TAG
KICKBALL
SQUIRTGUN

PICKY EATERS

DON'T MAKE ME SHOVE IT DOWN YOUR DAMN THROAT!

P Y J F J E C P U M N Y B I W P M F H

E P K D U I Q A Z L Y N Q R T T R X Z

S I J V O U H U R N C X T M T O M A K

X E X U G E Z W E X T A E T N O W D Z

H Q L S S Y N N U F S L L E M S J K E

U A W B P T W O W M T Y W E S P X K J

N L P Y A G O S D B K O T C R I Q Z U

O O G P A T U N O E T S A W O C I Q E

S O F L Y K E S E M S Z X A F Y D O T

P K J N W P A G E B E S P I T O U T L

Z S K J G B L D E I I T E A P U W Z G

Z G E E X Q X A T V H T H R W T G T O

E R A X I D O N T L I K E I T C J N M

L O E G O D O T D E E F U A N J G G R

M S M F G W L U M G Z I V P Y G V H D

D S I T S I C K Y A S O M N Z H N Z F

N O S E C O N D S V Q U M M Q C J E R

V B Z E R F O G V X C S V Y B A B D W

Z L P V I D O R N I X Y M F Y M W O J

ITSICKY	IDONTLIKEIT	SMELLSFUNNY	VEGETABLES
WONTEAT	GAGGING	SPITOUT	JUSTONEBITE
WASTE	NODESSERT	HAPPYPLATE	FEEDTODOG
NOSECONDS	TOOSPICY	SOMETHINGNEW	LOOKSGROSS

ME TIME

IS IT TOO MUCH TO ASK FOR?

E C D M B T M W K E V T Y W I O H M V B
G Z E E R P S G N I P P O H S R L I S H
X I X A T F K R W T B Q G B G R X V Q F
Q G B K L A W F J M X G A B C Q J E C R
S V J L C P T H G V I J U T T D W L L C
I C W R I T E I V O M S T N J M I S J N
Y R Q U T R M D D O P M K M Q U B J T Z
X F H R R Z A K I E D T S U G B L T I E
O Y A Q M J T F P C M X R L J T N F F I
N D W Z U X Q F L Q U P W D B L N P Z I
M U W U C D E H F F P R Y X N S P Z U B
D E V E N V X D J C C T E Q Z M E O E D
U A G I S J S F K V L B V R T M Z J Z A
Q Y E A W X W N S J S Y R Z K V M D R B
V G H R S I L E N C E X Z K K N Q P N U
V A D T Q S E S M N E M N G I F Z W O Q
I H L W A P A N O J B J J L S C V H C V
J E X O V B Q M I R G P N Q D R G P L K
G W Q R N W K D S W B Z G R C F M R V C
H J I K S E S I C R E X E X M W J H O O

READ
ALONE
WINE
EXERCISE
BATH
YOGA
MOVIE
ARTWORK
WALK
MEDITATE
SHOPPINGSPREE
PEDICURE
SILENCE
WRITE
NAP
MASSAGE

SPRING

ALLERGIES ARE A BITCH.

G M E G D L B S J I U Q B O I O M V O I C
A R H K Y M T Z Z G G B I J X O U D S O U
R N E Z S W O D N I W N E P O W V A P Z S
A K A E N M P C G C A Z I W H R B D O E O
G Z J F N E O N I A J G A W C S Y A I Q A
E R S R W F L O W E R S P M A D J V A D W
S B H E U B U L L A M D R I N H U T R K M
A O S S Z A G H O B Y N E O O I T U Y Z G
L N X H O E S D B P C S G N O O X A M L X
E H T A O V E L G P M K M B R D A B Z I H
C S N I K W Q N A N R I U R K O T B B A V
K X J R H O E K S C I L P F M K U U H J Q
M Y D S I I X R H I Z D B B B N J B O B B
W U I W D X S N S G P K D I O X J L Y Q J
C G A P G G O T F J S G D U Q E C W V S F
Q Q X V F A B O A K P K A P B J K O I D D
E M K G K Q V H K M R X X R N I H T V B F
G I F V C C Y H C H I R P I N G W J A X R
T E C E R K S T G C O N G E S T E D V B J
I P L G Y F Y L Z B D G E I B O Z K F M A
E W Q D F H U K R C V P N S R N Q J A J C

POLLEN	BLOOMS	FLOWERS	GREEN
CHIRPING	SHOWERS	GARAGESALE	ANTIHISTAMINES
CONGESTED	SNEEZES	THAWING	GARDEN
OUTDOORS	OPENWINDOWS	FRESHAIR	BUDDING

GARDENING

$100 FOR $5 OF PRODUCE

E	M	U	B	Z	G	D	A	F	X	R	D	J	W	C	Y	I
K	V	N	K	R	I	N	D	F	X	D	U	R	N	M	W	N
T	U	V	W	S	W	J	I	S	K	F	U	O	K	F	L	B
L	M	K	X	O	E	L	Y	N	Y	C	O	C	E	J	D	Q
Z	E	D	W	K	R	X	I	P	U	J	N	C	F	Q	Z	U
P	T	W	Y	I	A	M	B	O	G	R	S	N	K	B	K	O
A	R	C	O	M	P	O	S	T	S	L	P	A	I	V	X	D
Z	T	U	O	R	H	T	L	S	G	E	O	H	C	L	U	M
R	G	K	S	I	T	B	Y	A	J	N	Y	V	O	O	Y	M
B	G	Q	E	F	F	E	R	T	I	L	I	Z	E	R	U	L
U	V	L	E	P	L	A	N	T	I	N	G	G	O	S	K	Y
L	B	G	D	K	H	K	M	J	Z	Y	N	Q	G	H	A	P
B	E	D	S	I	I	R	D	Q	K	C	A	E	P	I	A	O
S	T	Z	E	S	R	H	S	U	B	E	S	O	R	S	D	A
M	C	L	I	Y	L	S	B	G	I	R	K	X	G	E	X	K
V	C	M	Y	F	F	X	K	Q	X	C	I	T	M	K	P	N
D	Z	M	T	W	N	Y	N	I	Z	R	Z	H	O	D	J	Z

GLOVES	SOIL	TROWEL	COMPOST
SEEDS	PLANTING	BULBS	BEDS
FERTILIZER	ROSEBUSH	DIGGING	PRUNING
PERENNIAL	MULCH	POTS	WORMS

GRADE SCHOOL

WHAT THE HELL IS "COMMON CORE"?

R	X	Z	D	S	L	P	C	V	N	H	E	H	O	J	Z	X	L
H	V	X	O	G	V	O	V	X	J	O	S	Z	Q	X	F	Y	X
L	I	K	J	Y	B	S	X	F	I	O	I	J	R	Z	W	J	W
C	F	S	Z	S	M	A	E	W	Z	Y	L	U	E	X	T	F	E
O	A	B	T	K	E	L	I	C	A	G	S	P	O	R	T	S	E
N	R	F	A	O	V	S	D	R	N	X	F	C	W	M	E	V	H
C	P	P	E	N	R	E	U	R	R	E	A	D	I	N	G	K	V
E	T	R	Q	T	D	Y	A	B	S	P	R	Z	A	E	P	E	F
R	L	Q	D	R	E	E	N	S	P	T	M	E	G	D	N	Y	W
T	D	R	X	P	F	R	T	C	E	E	G	Q	F	D	J	C	Q
V	S	O	F	O	H	E	I	E	L	I	V	I	G	N	X	E	E
R	W	I	V	J	H	O	J	A	N	D	L	W	N	Q	O	R	T
K	I	V	X	T	K	S	M	D	J	T	W	L	E	C	Z	C	F
H	Y	O	F	V	S	M	H	E	S	A	I	F	U	S	O	S	Y
S	P	Z	H	T	A	M	R	Q	W	O	E	O	C	B	X	Q	J
E	C	I	T	C	A	R	P	O	U	O	E	S	N	A	E	Y	Y
G	S	T	W	S	B	W	T	U	T	O	R	I	N	G	V	L	L
H	S	O	L	I	C	B	F	J	N	B	Q	K	N	F	N	Q	G

HOMEWORK	BAND	CHOIR	SPORTS
PRACTICE	HISTORY	CONCERT	CONFERENCES
DETENTION	BUSES	TUTORING	BULLIES
CAFETERIA	MATH	READING	SCIENCE

BIRTHDAY PARTIES

A LEADING CAUSE OF ANEURYSMS

P	K	F	H	O	V	Z	N	A	G	T	U	O	Q	B	N	S	O	G	Y	V
R	F	U	D	V	W	T	P	M	F	A	G	A	F	Z	S	I	L	S	X	Q
H	T	W	O	C	U	N	P	O	L	G	A	X	T	M	S	I	M	E	M	E
F	F	L	Q	B	G	V	W	Y	E	K	X	U	M	Y	H	K	Z	W	G	A
A	V	S	C	U	L	G	B	Y	U	G	R	H	S	U	R	R	A	G	U	S
Y	J	A	D	M	X	U	M	A	K	X	B	E	K	E	I	L	M	P	R	V
U	X	R	J	H	V	E	O	J	A	Z	O	F	W	S	E	H	R	Z	D	B
I	T	E	E	O	Z	Y	Q	O	T	W	A	J	Z	W	K	I	S	V	D	X
K	X	W	L	V	E	Q	K	B	F	W	T	W	V	Z	I	G	N	U	K	V
Z	F	T	C	B	U	P	S	C	O	J	C	L	E	A	N	U	P	O	K	V
C	D	Y	C	I	B	S	D	Q	S	B	J	O	C	K	G	K	W	U	A	Q
H	M	Z	T	B	X	W	E	U	Y	W	P	S	E	M	A	G	I	F	T	S
Q	J	V	R	T	W	P	R	M	C	W	O	S	P	H	P	C	A	Z	S	W
S	E	L	D	N	A	C	O	V	E	R	W	H	E	L	M	I	N	G	P	E
N	V	H	K	A	S	R	H	A	W	H	W	K	S	I	G	D	B	W	H	Y
N	H	N	M	X	J	P	B	A	S	O	T	N	O	O	K	P	X	M	Q	G
X	Q	W	Z	K	G	G	V	D	O	O	F	R	E	G	N	I	F	U	N	Q
P	A	R	T	Y	F	A	V	O	R	S	N	O	I	T	A	T	I	V	N	I
D	W	X	N	L	K	O	Q	D	F	Q	R	T	T	Y	H	P	M	P	S	G
X	R	B	F	H	U	R	T	Z	R	N	A	K	I	W	C	X	U	Y	Z	R
Z	P	D	T	T	I	E	V	A	H	Y	D	A	E	R	L	A	I	Z	Q	K

PARTYFAVORS	GIFTS	IALREADYHAVEIT	CANDLES
THEMES	SHRIEKING	FINGERFOOD	CHAOS
BRATTY	SUGARRUSH	OVERWHELMING	CAKE
NOSHOWS	INVITATIONS	GAMES	CLEANUP

THE EASTER BUNNY

HE STILL SCARES THE SHIT OUT OF ME...

B H B Y B N Z I P S G Z C T C C V X H Z
I B F Q O F R Z J L E T F E H Z O T Y L
H E O Q F A C E C T A I E E T B B C D M
O S L E T S A P B Z E S D C Z K L N Y H
I P R I J F E M Z A A K T N W L G X I E
A E O J M P V E P F N X S I A Q Y C N N
A B D W I S U N D A Y M Z A C C C O E U
S C C W H E L N T Y K O X E B G Q K R I
S T S W N U T I B B A R S W S A R M A D
S Q U E Q T S M V N W K Y Y N K S A Z V
J X H F P Y S G G E D E R O L O C B S X
F H I E F G I U P F G X Z O Q S A I Z S
O N B S R I G Y H F X B N O E X R U H V
T X O S E A N E M U T S O C Y P E E R C
P T J N X R T G N Z N D Z K M Y D B D U
Z U G N I C V S E E B T P V B K K H H M
O E Q O T Z Y I T G D Z J Z J S I Q B P
G V M K K D A B C A G L G N U S D M R S
W M Z I V D P B T E H S O P Z J S A B Y
X S S G D V J C G N T T T G Q Q U D F G

COLOREDEGGS	BASKET	PASTELS	CANDIES
RABBIT	CREEPYCOSTUME	STUFFINGEGGS	THATSTARE
HUNT	GOLDENEGG	PLASTICGRASS	SCAREDKIDS
SUNDAY	SERVICE	EVILSMILE	CHICKS

SCHOOL CONCERTS

INSTITUTIONALIZED TORTURE

```
W X H X V M F S N Z P Q W U X G V L X C Q
H H C N J A L W S S V T M H J G W T U E U
X N X S F F O W O H S T Y O F E L J H Q Q
E W R O N G N O T E S T O O L O N G A C A
U E E X U T X S T N E R A P E D U R V P S
L B E I P T D O I N X N Y E P H L I T S M
G C E L B E O E S N E F C S S W X T W F Q
B Y D L S X I F D W N I A V E D W J V X X
K W M U U O E X T W J W N A B P R E I C L
T P G K O D I K R U O Y E E S T N A C A B
J S M C P H E J K C N R V D V I S K H X E
N X K A H O Y H Z C U E C E W N J N M I D
U D Y J K T L A C J A C C R J C O I F Y R
R W X X B C P O F S H R O G Z H T C G L E
L H S D A Q Z F S E D I C Q Q T T T N N J
V S N R A V D F Y Y K N S E G X G J C I A
B T J H A J P B C R C G I D C C I T P I X
F Y N W G N G E P U P I H H Y I N G G O L
S S Y T N O P A R K I N G A E C O P W D Z
F P A J I N Z T H M J G Q T Z B M V Z A B
J S D I K G N I Y O N N A E H T F F H B Y
```

OUTOFTUNE	OFFBEAT	CROWDED	TOOLONG
SHOWOFFS	CRINGING	WRONGNOTES	INCONVENIENT
VOICECRACK	THEANNOYINGKID	SOLO	BEHINDSCHEDULE
NOPARKING	RUDEPARENTS	HARDSEATS	CANTSEEYOURKID

GROCERY SHOPPING

I GO FOR THE MUSIC

K	S	B	C	J	D	Z	H	C	S	E	A	S	O	N	I	N	G	D	A	U
D	N	K	Y	D	D	T	W	Y	C	G	C	X	N	Y	W	S	L	R	Z	D
C	M	X	N	S	J	F	H	M	M	P	T	U	K	B	S	W	W	K	K	G
N	T	V	X	Q	T	S	X	D	A	Q	T	P	D	K	F	B	B	S	O	O
A	I	P	J	O	Z	A	Z	Z	I	P	N	E	Z	O	R	F	E	I	G	X
Q	L	E	D	T	R	P	E	Y	S	V	T	K	C	P	R	O	O	I	W	E
I	B	G	Y	A	R	O	R	M	S	G	T	V	W	G	D	P	P	X	O	S
V	T	A	Q	K	G	U	T	J	I	N	L	H	L	X	J	J	I	E	K	X
B	C	O	K	I	F	K	G	H	D	L	U	J	K	H	I	H	I	K	P	S
A	O	I	L	E	O	S	W	O	E	Z	E	S	S	T	V	A	L	L	I	Y
L	N	T	N	A	R	S	E	O	Y	R	Z	D	Q	D	U	Y	E	T	U	N
M	D	C	J	B	Z	Y	S	G	Z	X	U	Q	J	C	N	I	L	C	N	W
X	I	L	G	N	J	Z	V	N	A	N	F	E	O	U	C	C	S	F	X	Y
N	M	Y	H	P	W	E	B	S	A	R	O	B	B	M	W	Q	A	K	H	A
X	E	A	H	Y	N	S	Y	K	F	E	E	B	X	C	F	C	Q	W	Z	I
E	N	K	G	C	X	B	M	W	O	E	B	V	Q	X	T	D	B	S	G	C
B	T	P	C	A	T	M	D	L	V	G	S	E	E	W	F	N	C	R	D	F
I	S	S	A	I	J	R	O	E	M	U	E	E	V	B	D	E	E	Q	S	N
G	E	Z	A	B	H	F	L	C	O	P	X	C	E	Z	I	T	W	J	Z	T
Y	I	O	N	D	H	C	W	O	I	L	F	Y	I	H	W	X	Q	M	J	H
Q	J	V	T	S	L	A	E	M	E	V	A	W	O	R	C	I	M	Y	L	Z

BEEF	CHICKEN	CONDIMENTS	CHEESE
BEANS	RICE	DELIMEATS	FROZENPIZZA
MICROWAVEMEALS	SIDE	BAKERY	SEASONING
PORK	BEVERAGES	YOGURT	PRODUCE

CAR RIDES

I SWEAR I'LL DRIVE US OFF A FUCKING CLIFF...

Z	X	L	P	R	U	X	C	J	R	X	H	F	C	Y	R	Q	N	K	Q	G	Z
R	D	A	S	E	S	T	O	O	T	I	G	H	T	F	J	X	Y	L	A	A	A
I	L	C	U	K	U	Q	Y	K	H	H	C	G	E	B	T	X	I	J	X	G	R
G	B	T	A	E	S	G	N	I	K	C	I	K	L	K	U	K	G	X	D	C	E
W	P	J	S	L	F	V	B	C	G	A	D	R	F	U	F	V	I	J	S	X	W
Q	N	N	I	G	D	N	J	O	U	R	J	U	S	S	C	T	G	A	J	B	E
W	Z	E	S	F	N	U	G	E	R	S	J	E	Y	T	E	B	Q	O	C	S	T
X	V	T	W	J	I	I	F	N	K	E	U	D	H	X	Y	S	A	E	E	P	H
I	L	Q	A	P	T	N	W	U	I	A	D	S	O	H	B	W	S	N	U	S	E
I	M	U	N	C	O	M	F	O	R	T	A	B	L	E	K	Z	O	P	N	L	R
G	Z	K	T	P	F	F	J	D	R	E	C	M	H	A	V	E	T	O	P	E	E
V	M	Q	A	G	C	D	S	G	E	H	G	A	D	F	G	P	R	O	Q	F	Y
W	H	L	S	B	G	U	Q	R	N	L	T	N	R	A	J	G	U	J	N	S	E
E	G	V	N	F	C	W	R	Q	O	I	L	W	O	T	A	I	C	I	Z	G	T
U	I	W	A	C	N	F	A	A	U	Z	L	I	P	L	S	V	B	I	R	M	C
N	N	X	C	R	G	O	C	H	M	K	K	L	P	B	H	I	G	Y	G	T	L
M	I	Q	K	Z	Q	M	C	F	V	Y	O	X	E	S	O	C	D	A	A	F	B
T	Q	A	Z	Y	A	I	O	W	D	D	V	E	D	Y	K	H	U	Z	V	R	U
L	L	M	O	I	A	I	F	T	F	I	G	H	T	I	N	G	Q	M	Y	L	Q
H	U	D	N	P	Q	C	F	J	Z	T	Y	Z	O	A	Q	Q	S	D	W	X	O
P	T	O	X	S	R	Q	Y	T	I	T	A	F	Y	V	Y	Q	M	K	C	O	D
U	F	Q	C	Z	W	H	P	K	O	Y	L	U	I	B	M	T	W	Z	E	Q	H

AREWETHEREYET	IMUNCOMFORTABLE	TOOTIGHT	HAVETOPEE
THIRSTY	WANTASNACK	SPILLED	FIGHTING
HOWMUCHLONGER	DISTRACTING	CARSEAT	DROPPEDTOY
KICKINGSEAT	BORED	THROWING	YELLING

HOME OWNERSHIP

FIX ONE THING, ANOTHER THING BREAKS

A	Y	E	A	N	O	I	S	I	V	E	L	E	T	E	P	Q	C	R	E	G
U	R	A	N	U	E	R	U	T	X	I	F	T	H	G	I	L	L	A	Z	Y
J	V	D	D	W	H	V	I	W	Y	N	C	K	S	H	P	Z	V	R	M	P
G	S	G	L	T	O	Q	O	S	R	E	F	R	I	G	E	R	A	T	O	R
J	P	D	O	I	V	E	C	K	L	T	Z	C	O	Y	B	U	R	O	Y	F
P	Y	J	T	L	L	M	A	O	G	R	Y	M	B	U	U	N	K	W	O	K
Q	H	A	P	G	C	G	R	F	F	F	H	R	F	F	R	Z	K	X	L	F
H	Y	B	N	S	H	T	P	S	H	F	M	X	V	N	S	W	L	O	S	C
C	A	N	H	Z	F	F	E	J	B	R	E	Z	U	R	T	Y	M	L	B	N
J	A	N	A	Q	W	J	T	L	A	G	O	E	C	A	N	R	U	F	F	R
L	K	T	D	F	I	M	S	C	I	I	I	O	M	P	D	J	W	H	L	F
Z	A	N	Y	W	G	Z	T	Q	N	O	W	I	D	A	T	F	K	N	U	W
D	H	H	H	J	N	N	A	G	U	K	T	V	V	E	K	X	V	T	V	U
A	I	R	C	O	N	D	I	T	I	O	N	E	R	K	G	E	A	Y	B	L
O	B	S	F	W	M	X	N	L	N	Q	G	W	G	C	R	A	R	F	W	H
W	V	C	P	Y	O	G	S	D	I	S	H	W	A	S	H	E	R	D	K	E
E	F	F	B	O	O	C	L	F	R	E	T	A	E	H	R	E	T	A	W	Y
F	T	J	O	C	S	E	O	L	P	K	C	H	L	A	H	F	P	W	G	O
Z	O	G	E	E	W	A	T	E	R	S	O	F	T	E	N	E	R	O	M	S
I	M	I	D	U	E	Z	L	M	T	Y	A	Y	B	Z	P	F	T	D	U	M
D	O	N	N	W	A	S	U	B	Q	F	I	D	I	V	D	D	D	S	D	S

AIRCONDITIONER	FURNACE	WATERHEATER	DISPOSAL
GARAGEDOOR	REFRIGERATOR	OVEN	PIPEBURST
TOILETCLOG	DISHWASHER	WATERSOFTENER	TELEVISION
CARPETSTAINS	CEILINGFAN	LIGHTFIXTURE	COFFEEMAKER

MISSING STAPLES

I SWEAR IT'S A CONSPIRACY

O E W X S N U H F B B T H T C U K R K
H G C V C M T U P J A H F F M X W B A
N Y N R W G P R Z U G K P Q P S L V P
B E U I E N O K K B L K I G A K X I Z
R J K H S A F M U E R H O N W Q Y C E
Y D S R D S M T E Q T E W D G M D V S
H S N A E B E E F F O C A B L S U V P
W P G W L T U R R F L Z H D S T O J P
S F O G Y T T B D Q E O E U V E J D E
N T K R E K F U F L H Z U A P Q W U A
U V I L A F H K B P G X H R F D B K N
L R F F I G F A Q F U C B B L W S M U
K I F D K M U S T A R D I H I O F S T
V E S I Y T U S G S E P K P W P W R B
C M W A Z F F Z J T A E G A D W X I U
L T U T F H F R A N Z P L O C F O C T
Y B Z Y J G M X S C P P A N T Y E M T
U X E L Z Y O U B H R E G J K H P Q E
U G P J A J P D S T X R D D J M O D R

EGGS	MILK	BREAD	FLOUR
SUGAR	BUTTER	CREAMER	KETCHUP
MUSTARD	SALT	PEPPER	COFFEEBEANS
PASTA	DRESSING	PEANUTBUTTER	BAKINGSODA

GRANDPARENTS

A BLESSING AND A CURSE

```
R R M J L I L Z B V U E J U E C I V D A C
K Y B U C V V W U L S L M Z F G B Y P G B
U O H U P N F D S C T C L C H B B S H L X
Z T E X V M J X Y E N O M G N I V I G C R
I S Y B A L F D Q T Y C O N T R A D I C T
N M V S C A Q R S M U Y U V H T H X N T I
K Z I S U G A R Y T R E A T S H J H I O G
H W E W F N B I G G I F T S F D E A K S D
P E P S L E E P O V E R S J S A X S S R O
T I L Y D T P P V R A E M V V Y S X P R G
U G O P Z W M S G Y H E J A X C A E O S Q
R J S B I V O X D U S B K R H A S W I Z O
C L S E V N U R G J V A Q Z L R Z T L Q B
X X U N M F G J A O D B F A U D V N I A M
S O G B O A L H Z B J Y Q V Q S L R N P B
M L A S M I N U A W I S U H G F J A G W Z
B O L J B N N K Z N A I P Z U I L U R K Z
U L X D W F R I C C D T S G L L D D X X Y
O U T J X T X K P I R T T L I U G P A B X
Z V A N Z Y H P H O N E C A L L S H V F G
N T I S I V E S I R P R U S X Q G O C S Y
```

SPOILING
SUGARYTREATS
ADVICE
OPINIONS
FREEBABYSITTER
GIVINGMONEY
GUILTTRIP
PHONECALLS
NICKNAMES
CONTRADICT
SLEEPOVERS
BIRTHDAYCARDS
ALWAYSSAYYES
BIGGIFTS
SURPRISEVISIT
HELPINGHAND

I WANT!

EVEN MOTHER TERESA WOULD WANT TO STRANGLE THEM

```
T E S Y A L P C T H H N R A I B Y P I M N
X R O H J C Q E H C S A U B L Q B O K X H
S L N I S B T B H Z N I M G D K I Z C S S
P Z B B B O S I L B N K F P Y G R R Y I N
R Y V O T W F K O L S B F T S O H P E D O
D Y U X E I G E C N O C E N E T T I K B T
Y V Y S J W U R M O F D J X O P E T J G A
F P W D G A N V V A L I J E M G V R M B E
H M P O N Y H K L I G B G J I I C I T N N
J V H U Z A L F B P U D G U I Q N I N P A
Q M Z V P O C R A R E R R N R Q K F X L T
Q Z S M Q X R F L G A S G A I E I U Z Y T
X V Q A Z C Z X M O G C R N O D Q H D Z B
G T I E I G C C B E R S E M I B L Z D L T
X W N D B S K R L X J J I C Y D F I B G S
Y A J R E R D D Y V O H I L A L S A U X V
R M L Y W O C E D W A R S T T R P U Q B S
M P V M K X G Y C X W M A A X F K D K G E
Z I S U L D X A P M Q Z X D U K J E J U S
S G H W I Z D E M H C V N H T J L N A M G
T A N M E T S Y S E M A G Z C R G K N R X
```

PUPPY	RACECAR	PONY	VIDEOGAME
DOLL	KITTEN	TOYGUN	CANDY
GAMESYSTEM	BOARDGAME	BIKE	ACTIONFIGURE
PLAYSET	PETFISH	HAMPSTER	BUILDINGBLOCKS

MAN'S BEST FRIEND

GET A DOG, THEY SAY...

J	Z	J	T	Q	V	G	V	F	H	W	I	I	B	W	U	D	X	S
N	F	X	I	Y	U	S	N	S	W	X	F	U	M	C	E	Z	D	U
Y	U	U	S	H	E	D	D	I	N	G	G	Q	R	S	H	A	W	X
O	B	V	Q	B	Y	R	R	R	R	I	N	S	S	O	Q	R	F	X
O	C	D	U	F	U	M	E	K	U	E	A	I	G	K	Z	V	M	H
L	G	O	P	S	M	L	A	T	W	T	P	T	D	L	N	E	B	J
L	U	G	L	X	V	J	T	G	V	E	Q	M	S	D	Z	T	E	H
A	H	F	I	L	T	H	Y	G	X	D	U	X	I	S	E	E	D	T
O	T	O	Y	E	A	P	W	R	Y	Y	B	Y	S	H	S	R	V	X
U	P	O	O	A	F	R	A	O	Y	J	R	B	T	K	W	I	H	D
F	C	D	U	F	L	Y	R	W	W	X	M	F	U	N	L	N	P	S
U	J	M	X	G	I	P	G	I	P	W	C	G	D	F	J	A	E	O
R	R	G	L	U	T	T	O	N	Y	R	G	F	K	W	R	R	W	S
V	V	K	S	S	V	Q	Z	G	I	B	I	K	H	M	K	I	Y	B
S	Q	B	X	B	K	U	K	F	L	K	L	N	M	O	W	A	Y	W
F	N	W	D	B	T	N	D	A	W	P	R	I	T	O	M	N	S	H
I	M	F	I	U	Q	Q	I	S	T	J	O	A	Q	S	Q	E	T	G
K	D	D	D	M	D	B	H	T	F	V	V	I	B	F	Z	O	V	G
D	I	B	X	A	F	W	I	E	S	I	V	O	E	O	B	Y	F	J

PISSSTAINS	TURDS	DOGFOOD	VETERINARIAN
BARKING	SHREDDING	PLAYFUL	WHIMPERING
COLLAR	STINKS	WALKS	GROWINGFAST
GLUTTON	SHEDDING	PAWPRINTS	FILTHY

PEDIATRICIANS

EVERY CHILD'S ARCH-NEMESIS

```
V W B U U Q N V K G B Y Z A S G V N X C
Q J N X T H E R M O M E T E R I B K Q X
X Q W V E O E B I I Y U S H O T O G W H
M N R B S I D N A F E Y W N M F Y U Q M
I O K S F H L C L W R S T C W R Z S G X
Y R O S F R E R U S S E R P D O O L B O
G H R R S M S I P U C N V U L M G X T M
C Y G U G S J C A I C M O E N I C C A V
D H W X V N R X R Y N Z X T A Q K U I N
P G K U S T I E L E S N O U T K G O S A
E P C H E H C T G S A T I X J O X V M T
D C F C A P P O I N T M E N T Y C Q Y E
Q I D W I G I W U A I V I R G A E Q U R
L D W B C S M O B G W F E N I D J H G R
D M T V A B O X U U E F D C G L O G C I
A P I N A H S K M P U Q N L D D E W C F
H F S B C E Y Y D U X Z A B O X L M N Y
H T X I K H Y W S T E T H O S C O P E I
O Z Q T U U S C K P J R F Y M M F H L N
M K F F K Q A D O R V H R T J Z V O Z G
```

SHOT	WAITINGROOM	THERMOMETER	BLOODPRESSURE
NEEDLE	COTTONSWAB	GOWNS	STERILE
COLDFINGERS	TERRIFYING	STETHOSCOPE	APPOINTMENT
VACCINE	PINNINGDOWN	NURSE	SCREAMING

DATE NIGHT

HELL MUST'VE FROZEN OVER

```
U I N C G Y P J Q Q W R E T A E H T C
J U S N O O K C N Y K D G Y V V Y F J
X R H J U U R B Q Q O X N P Z E A Q O
M K C L L F P F T U B X T N F N W Y Q
X I N H I P Y L B H O B O J C S A I C
S D J U H P R L E A R S V Y O A T O D
M S O X R U E E X S I B D B V G E E M
J G A A E D D N S Z M I T A K E G R T
X O F F A E P F R E N A S B U V D V G
F N L T Y S L A D N R X S Y D S N Q G
D E E B X S J U E K L V R S L A E V N
M Z M I A E U R Y H A A A I A L K D P
X G C O F R G I D Y C N A T G G E O V
V M O P H D Y N D F F T T T I L E B K
Y N Z D A Y R V I M K A G E I O W M Y
V W Y I M U A E G C J E V R K D N V W
R M O O R L E T O H N T I F V D J W W
P L K C X R L C S B U A L C Z T T K W
G E W X N Y A S L O Z D D P D K J H V
```

BABYSITTER	KIDSGONE	GIDDY	DRESSEDUP
RESERVATION	COCKTAILS	FANCYDINNER	THEATER
CHEAPDRUNK	DOUBLEDATE	STAYHOME	COUPLESMASSAGE
DANCING	HOTELROOM	WEEKENDGETAWAY	LASVEGAS

SIBLINGS

MORTAL ENEMIES TREAT EACH OTHER BETTER

P	I	S	T	Q	V	L	A	M	C	X	U	C	O	F	F	C	X
N	X	S	E	W	W	V	Y	X	D	S	T	G	M	F	P	O	C
R	Y	L	C	T	L	S	P	T	I	U	W	K	X	L	D	E	K
E	G	R	X	J	I	G	C	W	T	P	Z	F	M	Z	X	E	F
X	U	N	A	I	G	S	N	R	R	H	I	D	B	L	N	H	S
S	U	G	I	I	Y	N	O	G	E	A	A	Y	M	W	C	K	U
A	T	K	R	H	D	F	I	P	N	E	S	T	H	V	Y	Q	U
X	F	E	T	A	C	D	E	T	P	I	C	M	S	D	A	D	K
R	E	T	A	W	D	N	A	L	I	O	T	H	Q	M	P	U	Q
Z	R	M	T	L	I	H	I	E	H	B	I	T	I	M	I	M	O
Y	B	V	T	G	T	V	Q	P	R	Z	L	Z	I	N	G	N	J
M	N	R	L	R	W	O	K	G	E	M	R	F	Z	H	G	Q	E
V	Z	I	E	S	N	Y	Y	U	N	J	V	I	B	R	Y	C	S
X	I	L	T	M	N	R	I	S	A	I	L	R	V	S	B	V	I
A	I	O	A	S	S	A	R	R	A	B	M	E	S	A	E	T	S
S	O	Z	L	W	Q	L	E	N	C	R	I	A	H	L	L	U	P
O	Z	Z	E	A	K	A	C	R	O	H	U	W	L	S	L	R	Z
S	V	A	O	C	C	I	L	V	B	U	V	U	F	B	I	K	Y

PULLHAIR	ARGUE	HITTING	BLAMING
TATTLETALE	STEALTOYS	READDIARY	TEASE
EMBARRASS	THATSMINE	PINCHING	OPPOSITES
RIVALRY	BITING	OILANDWATER	SCREECHING

GO-GO-GO-GO-GO

DOES IT EVER SLOW DOWN???

T	U	O	G	N	I	K	R	O	W	P	A	Q	O	Q	H	B	T	W
W	Q	T	E	W	U	B	C	Z	Q	H	P	G	G	Z	E	N	E	M
L	O	O	H	C	S	I	Y	R	O	A	J	Q	R	F	O	L	M	T
E	R	R	B	G	N	I	P	P	O	H	S	H	A	S	W	S	P	Z
K	G	P	K	V	L	A	N	C	M	R	T	A	H	H	A	V	Z	O
B	N	F	B	T	V	E	N	X	G	N	I	K	O	O	C	U	G	U
I	G	L	K	F	R	R	W	E	D	D	I	N	G	S	L	R	J	Z
Y	M	E	U	O	F	A	L	P	T	D	Q	Q	Y	I	E	J	B	D
X	V	I	A	C	D	A	V	W	X	N	O	B	I	N	A	L	H	Y
U	M	W	C	W	Z	E	M	E	Y	P	I	B	A	C	N	B	M	L
N	X	C	B	S	Y	A	D	I	L	O	H	A	F	A	I	B	Y	Z
X	U	A	F	U	N	E	R	A	L	S	T	T	M	N	N	I	K	X
K	K	M	L	H	L	E	I	T	F	Y	N	U	J	L	G	R	M	N
W	A	T	U	E	H	Q	E	S	M	B	V	K	C	Q	Y	T	O	Z
D	U	L	N	S	T	R	O	P	S	S	D	I	K	R	Z	H	T	S
U	B	O	G	O	G	R	O	C	E	R	I	E	S	I	I	D	T	U
E	G	L	I	D	C	U	O	P	C	I	O	P	G	I	O	A	L	Q
F	P	D	P	B	G	G	W	F	E	O	Z	F	S	I	T	Y	H	X
A	K	E	Q	G	A	P	P	O	I	N	T	M	E	N	T	S	V	R

APPOINTMENTS	SCHOOL	COOKING	BIRTHDAYS
HAIRCUT	GROCERIES	WEDDINGS	HOLIDAYS
CLEANING	KIDSSPORTS	MAINTENANCE	FUNERALS
WORKTRAVEL	FAMILYVISITS	SHOPPING	WORKINGOUT

NEIGHBORLY LOVE

...NAH, FUCK 'EM.

V	D	N	O	G	N	I	K	R	A	P	Y	T	T	I	H	S	Q	Y	M
T	L	I	T	T	E	R	P	R	E	P	T	N	L	N	V	C	Q	W	C
K	H	C	S	S	C	T	O	Z	K	N	L	L	X	H	M	I	O	F	Q
R	P	R	X	H	C	L	A	E	B	X	T	Q	O	R	O	E	U	R	R
Q	C	N	P	R	O	P	E	R	T	Y	V	A	L	U	E	I	D	I	R
C	R	H	L	A	Z	W	G	M	E	U	E	L	L	L	F	G	L	Q	G
V	I	Q	B	D	T	Y	O	S	M	D	P	Y	J	S	C	N	M	L	E
N	V	S	D	S	S	A	W	F	S	T	I	S	O	G	L	D	J	Y	V
N	W	S	U	E	W	Q	U	G	F	A	Z	S	I	X	Q	U	V	D	B
T	Y	A	G	M	G	R	G	B	X	C	P	H	N	D	D	S	M	A	M
Y	V	Y	L	O	T	F	X	Z	I	K	A	S	L	O	U	D	Q	G	S
I	V	Q	P	N	D	S	Q	G	Q	Y	F	D	E	N	C	P	O	Q	L
A	C	T	H	Y	W	G	A	N	T	D	K	G	O	R	F	N	W	A	U
R	X	F	N	C	Y	O	N	L	I	E	S	D	B	W	T	F	I	I	J
K	N	N	Q	S	Q	E	R	I	B	C	M	Z	V	P	I	B	M	I	B
J	V	B	E	A	M	E	S	G	K	O	Z	M	Q	K	W	G	W	S	M
S	F	I	F	Y	C	P	W	O	R	R	O	B	R	V	W	N	V	Q	Q
D	I	U	A	X	H	J	H	R	N	E	A	A	W	C	H	P	V	S	B
M	L	X	S	P	Q	U	Q	R	F	N	V	B	T	T	D	Y	X	R	S
H	S	A	R	T	R	E	L	I	A	R	T	O	M	Y	X	E	Q	E	U

NOSEY	LOUD	BARKINGDOGS	OVERGROWNLAWN
SHITTYPARKING	INCONSIDERATE	SHOWOFF	BLASTMUSIC
TRESPASS	DISPUTE	LITTER	BORROW
PROPERTYVALUE	RENTALSLUM	TRAILERTRASH	TACKYDECOR

AUTOMOBILES

BECAUSE WHO LIKES HAVING SPARE MONEY?

V B B T R A N S M I S S I O N C B M X
V P U E Y O M S P B K O O Q A G T G U
O F E V T K G D A A Q F W F L O X Z N
R K W K S E D A L B R E P I W V I I Y
O J H Z V C R O X V K K Z L I S H Q G
M X D U N T E G K S U L P I L A O M H
G M T A A D L P Z F K T K L E U R X L
G M D D L W A I N A S A K T U K H W Y
H A R E D N E B R E D N E F L G M C X
Q R Y E C N A R U S N I C L C R M V H
K Z J O T L B Y E G N A H C L I O W E
A W W Q C L L Y P L M W E T E A L V A
U I K Q S R I A P E R V O N R P A B D
F N K W B K Q F V I U D E D I E S E L
F D C C M W S E R I T O C L K G I V I
E Q G P G A S O L I N E Z X X A N Z G
Z U N O I T A T S S A G X K R G E E H
Q D R E O X K G L L K O X O L A F R T
P C B S T X G E X C E A O D Y M I I B

GASOLINE
TIRES
OILCHANGE
TRANSMISSION
BREAKDOWN
WIPERBLADES
LEAKS
AIRFILTER
REPAIRS
ENGINE
INSURANCE
SPARKPLUG
DIESEL
GASSTATION
FENDERBENDER
HEADLIGHT

FOURTH OF JULY

FOUR OUT OF FIVE FINGERS LOVE IT!

P O X C H Y Q C J E P Z S F M T A M B
Q Y S L U E P I I M Z Y D I E A O M K
P L A C R X C P Q K I K U P X V F P L
S O M X O S G N H A A W F K A G X G A
M Q T K O G R M E C B W Z B V Q I S Z
P A H L S H I E R D I C F V N K S V L
N I C X U B L G L E N R F E F B S R J
W L O H O C L A C K K E X J R M D Z G
X U R Z Y F K U T S R C P Y I Q X O A
X I H J Y J F G Z K K A A E W L A J M
P Y C H A R C O A L Q R P R D I W S U
D R M O A K K I Y L C D O S C N M I B
U X O J O N C C T A F H T W G E I F H
K X A P H K O Y Y O D E U Q E B R A B
S R L Q A S O I W U I I F I R R G I N
S E D R O N L U T C X R G L M S I M F
Y C D S T W E V T U L Q T S G V R F A
B U C O V E R E D D I S H A T C V C S
K R E C O T S Z C U B P U A P J K M F

COOKOUT GRILL CHARCOAL PROPANE
FIREWORKS BARBEQUE FLAG PATRIOTIC
INDEPENDENCE DAYOFF COVEREDDISH SPARKLERS
FIRECRACKER POTLUCK ALCOHOL COOLERS

MARRIED SEX

IS IT REALLY WORTH THE HASSLE?

I	P	A	K	Z	N	K	R	Y	G	R	I	B	P	F	S	V	U	F	O
I	C	G	E	A	Y	B	P	I	M	S	M	R	S	X	Q	X	O	Q	B
C	V	R	S	F	Z	H	D	H	Z	S	G	X	R	C	B	R	D	F	V
K	R	B	W	O	R	R	O	M	O	T	E	B	Y	A	M	O	T	Z	A
N	N	G	B	Y	H	D	P	O	J	Q	S	B	O	S	K	X	U	C	O
T	Z	B	N	T	T	O	F	F	P	E	E	D	U	W	L	Z	Q	A	O
S	A	D	E	C	Y	L	K	I	D	S	W	I	L	L	H	E	A	R	P
M	R	O	T	A	I	T	I	N	I	K	W	S	K	S	R	O	W	V	M
G	E	Q	M	H	Z	H	F	D	O	I	M	A	K	C	H	K	O	O	Q
Z	S	H	G	G	G	R	S	T	A	L	E	M	G	H	I	L	H	B	T
D	G	T	C	R	A	M	P	I	N	G	T	E	W	E	H	U	X	H	H
M	D	O	Y	A	Z	G	E	M	N	D	H	P	T	D	P	A	Q	E	Z
O	Q	E	P	K	D	O	K	E	C	E	G	O	Z	U	Z	O	Z	G	O
A	K	U	R	J	A	A	A	R	L	S	N	S	E	L	B	S	I	Q	E
F	L	G	N	I	P	E	E	L	S	S	D	I	K	E	J	Q	A	E	M
S	N	A	I	O	T	H	N	H	R	R	E	T	T	D	C	A	Q	K	A
B	M	Q	R	G	Q	O	M	S	X	T	D	I	A	U	G	C	X	Z	M
J	F	H	A	E	Z	R	O	X	S	Z	K	O	F	P	O	I	E	N	H
R	G	D	N	Y	S	N	C	T	D	K	E	N	I	V	Z	R	L	R	L
B	Y	O	I	L	R	W	E	N	D	Y	U	J	B	R	S	G	M	J	L

TOOTIRED
MAYBETOMORROW
TOWELS
KIDSWILLHEAR
FINDTIME
KIDSSLEEPING
SNEAKY
STALE
QUICKIE
SAMEPOSITION
HEADACHE
INITIATOR
ROUTINE
SCHEDULED
CRAMPING
LUBE

THE SHIT KIDS SAY

THEY'RE LIKE A BROKEN RECORD

I R H T A T W U R E W M N H H B E P J Y Z G
B S Z I I H I S V V T H I S I S B O R I N G
C I L V Z J L Y U H O I A R T H Z R X Z I G
Y M G Y D W G O Z E C D O T A B J U P O G S
L O X X J R E V P Q T J O D E R V X A U G P
L T T G A R B N B B I T L T E V V H D R J P
I P L T M W T S O B Y O O R G M E B J A L B
K G Z D E G N B B T X C V W G N T R A X B V
N L B Y R G I M T A T A D J J D I E L Z N J
P N J Y W A R B R E D N J H M K R H L F D N
D K R M K A M E B X V I A H J D Y A T E W B
A P X L M T Q E V H S I S W R G G S H O Q I
N V E F H M B G Q E M C J N T X B U E O N E
M X D L C C G S B H N K R P G N E M O H O G
I J U T C A N T F I N D I A S M O M T U B T
K A J P X K R Y M T N I M T I R E D H P D X
J P K A W J N B I M H U N G R Y R R E Z U F
T N H D G H U P L E H D E E N J Z E R O O J
D O G O B C G T V T C N F A W W S H K W D P
O S E B M N P B L M L W E H D E M M I G I T
D G V C W P U J T A Z E K X M F H Q D T R C
I N A D P N G Z R G Q H S Q H X N T S Z K C

IMHUNGRY	GIMME	GOHOME	IMTIRED
THISISBORING	HEHITME	CANTFIND	NOTHINGTODO
NEEDHELP	TOOHARD	DONTWANTTO	BUTMOMSAID
NEVERGETTO	ALLTHEOTHERKIDS	LETMEDOIT	WHATEVER

KEEPING THE HOUSE TOGETHER

WHERE'S *MY* ALLOWANCE?

T H T A E V A R V X X Y P O L E V Z Z
K U P V G R A S T O S G V R J W J E V
A N V Q J F T C W E K Z L P D P A I C
J I Y K L B X O U E R C H Y G Q N A N
T X E X U J Y U D U E E V K M U D D J
G T H W C G G R D X M P T L N E C F V
Q E P F M J N V D N A V V T N P M T P
Y K A J K G D I F N S E H S I D B L R
N H D L T S R E T T U G N A E L C Z E
K E F H P B V B B S Y A N I J K T P C
G H I Y R I N C I E U W L I M B O A Y
F O F O O M C N T C K D G S D T V A C
M I Z N Z Q J K F O W A M P U E O Z L
X N G D H T G N I P P O M C U O E D I
J J R P L S K M Y N S M M S F F W W N
T R A Y M R A K I N G H K H E R Y Y G
R K B U R L Q R V U E U H P F Z H M E
C Q O H N S D H T A P O P J M V F F F
I R J X Z R H L J G M Q G B Y V O L U

LAUNDRY	DISHES	SWEEP	MOPPING
DUSTING	VACUUM	RAKING	MOW
SCOUR	TRASH	RECYCLING	PICKINGUP
MAKEBED	CLEANGUTTERS	WEEDING	CATLITTER

CATS

ASSHOLES WITH FUR

P L Q B X K M F G U Y I F X X G S V E

Z O L Y Z L L K Q N K P C P X H I N R

B O M W N Y O A U N I Q P P S F L E R

G Z J O D V H N S H F R W M D S V L O

M F I L S B A K G E S Y R H Q O E T M

Y Z N J A C I P D L R A C U K X S M M

Y I L L A B R I A H I P N C P O U G H

F Y A Q B K E A S T W F O H F B O M Y

R X L B A R V F T T B N E I I R M J W

D P A F F H E F G C K E L K N E D D E

O O T E Y I R I X L H D H B S T A C W

X X C L L V Y F X I V E I R Q T E X D

S K V T C I W X J M A G S Z C I D R B

X A G K N T H Z W B E P S F X L R W D

D R R C J X E Z W I I B I S X J Z C I

D F A S L Z R O A N J Z N V V V K S B

T M S J M F E Y T G V M G S A E L F Y

D C Q G N M W A N O Y K G G A L J T O

X Y S W A L C D U T R O T A D E R P E

MEOW	CLAWS	FLEAS	CATNIP
PURRING	HISSING	PREDATOR	CLIMBING
LONGLIFE	HAIRBALL	LITTERBOX	SCRATCHES
DEADMOUSE	KNOCKOVER	LASERPOINTER	HAIREVERYWHERE

THE ELEMENTS

IF MY KIDS DON'T KILL ME, NATURE WILL

Q	H	X	T	N	G	I	I	Z	P	H	W	Q	F	H	R	D
F	S	U	R	A	M	N	J	I	N	R	L	Y	L	S	Z	C
M	W	B	O	R	R	R	W	R	C	D	K	F	G	W	R	O
B	L	R	Z	W	O	C	O	F	D	E	C	L	F	O	D	H
O	F	X	A	M	T	U	T	T	D	J	S	Z	V	A	I	C
E	G	Y	H	R	S	R	D	I	S	V	D	T	N	P	Q	E
R	Q	H	E	L	R	A	L	Q	C	W	O	R	O	H	O	R
I	I	P	A	Y	E	S	C	I	E	B	O	S	T	R	C	E
F	W	F	T	L	D	H	A	A	G	T	L	N	W	J	M	D
D	H	T	W	N	N	D	R	E	X	H	F	A	S	L	F	L
L	J	A	A	R	U	T	L	U	W	N	T	Y	S	J	O	O
I	O	L	V	K	H	U	R	R	I	C	A	N	E	T	A	U
W	E	F	E	Q	T	H	G	U	O	R	D	S	I	B	P	W
Y	J	H	U	M	I	D	I	T	Y	B	S	Q	H	N	X	T
L	I	A	H	U	T	G	Z	V	O	H	Q	L	T	B	G	Y
D	K	X	T	T	K	A	N	O	Y	K	R	Z	F	E	L	S
E	G	G	C	M	D	V	K	K	R	Q	I	N	X	Y	E	N

HAIL	FLOOD	TORNADO	DERECHO
DROUGHT	HEATWAVE	HUMIDITY	ICESTORM
WILDFIRE	HURRICANE	SNOWSTORM	LIGHTNING
LANDSLIDE	EARTHQUAKE	ARCTICBLAST	THUNDERSTORM

GETTING A PROMOTION

THEY FINALLY FIRED THAT IDIOT!

P	K	H	U	G	E	M	A	P	H	Q	F	I	M	G	Y	D	M	D	Z
W	Q	B	L	C	O	R	P	O	R	A	T	E	L	A	D	D	E	R	V
R	R	T	W	N	F	C	H	Y	A	R	P	U	H	E	R	W	E	A	L
A	O	B	F	R	K	S	M	P	V	L	V	H	I	N	C	S	X	C	X
I	H	V	H	W	G	A	E	V	E	C	A	W	X	C	P	T	U	S	J
S	M	X	Y	T	N	D	Y	T	A	R	R	E	H	O	H	R	H	S	P
E	P	H	Z	A	A	I	Q	R	A	G	K	T	N	Y	T	O	M	E	I
P	C	N	G	P	L	T	E	I	A	N	T	S	A	M	L	P	P	N	A
S	T	I	F	E	N	E	B	E	G	N	I	R	F	M	U	E	W	I	G
O	N	N	F	Y	R	Z	L	R	B	B	V	D	X	X	A	R	M	S	O
G	P	E	T	F	O	E	V	P	I	U	U	E	R	Q	Z	E	V	U	V
X	G	W	A	W	O	T	K	L	L	C	X	G	A	O	K	J	A	B	U
L	O	T	X	Q	A	R	I	B	B	E	I	N	R	B	B	K	H	R	S
V	O	I	B	B	N	T	E	I	M	S	A	Z	L	H	D	U	S	G	S
I	Q	T	R	U	Y	W	D	N	E	L	F	D	M	N	Z	N	S	O	T
A	F	L	A	A	J	E	T	A	R	B	E	L	E	C	V	Z	J	D	H
Y	R	E	C	O	G	N	I	T	I	O	N	L	W	R	V	P	Z	E	K
A	E	W	K	N	U	P	H	Z	E	U	C	U	A	N	F	U	P	F	L
B	D	R	E	G	L	O	C	G	B	V	O	C	H	D	U	V	X	L	K
H	L	R	T	R	Q	Z	B	H	N	M	E	O	X	W	S	R	R	R	R

RAISE	PERKS	CAREER	LEADER
REPORTS	NEWTITLE	MANAGING	CELEBRATE
TAXBRACKET	RECOGNITION	CORNEROFFICE	BUSINESSCARD
SUBORDINATES	RESPONSIBILITY	FRINGEBENEFITS	CORPORATELADDER

EATING OUT

THE CHEF NEEDS A NIGHT OFF

G	C	V	U	M	N	J	U	S	U	U	D	Y	U	C	M
L	E	O	S	M	A	S	F	G	B	W	R	R	J	H	Q
D	B	E	N	P	I	G	E	A	I	U	X	M	C	I	I
B	N	H	L	Q	L	Q	G	M	N	G	R	W	S	N	H
U	R	I	E	Y	A	S	X	U	D	Q	A	O	N	E	S
Q	E	B	X	F	T	P	L	R	R	P	A	A	H	S	U
H	N	A	J	O	I	S	W	R	J	M	I	D	I	E	S
A	I	C	D	O	M	O	Y	T	A	K	E	O	U	T	C
F	D	H	P	D	W	E	E	L	U	F	J	F	E	C	S
J	G	I	A	C	K	F	X	V	I	G	W	A	A	I	U
U	W	I	J	O	F	E	Y	I	T	M	K	R	P	C	B
D	H	W	B	U	R	G	E	R	C	H	A	I	N	B	S
W	G	Z	B	R	Q	D	Y	M	O	A	M	F	E	L	H
E	P	O	R	T	S	I	B	U	D	T	N	T	C	H	O
W	D	O	O	F	A	E	S	V	R	S	Y	K	U	K	P
T	M	T	Z	E	G	E	H	C	N	Z	A	D	O	J	S

SUSHI	CAFE	DINER	BUFFET
BISTRO	TAKEOUT	CHINESE	SUBSHOP
MEXICAN	ITALIAN	HIBACHI	SEAFOOD
FOODCOURT	STEAKHOUSE	BURGERCHAIN	FAMILYSTYLE

THE DENTIST

A NECESSARY EVIL

M	J	C	E	G	N	I	D	E	E	L	B	A	P	J	T
A	O	Z	Q	L	Q	D	N	A	Z	W	G	Q	N	N	M
S	Y	Q	H	X	T	Y	C	L	E	A	N	I	N	G	S
M	Y	G	H	G	S	A	K	H	M	D	O	O	E	I	N
A	E	N	F	F	I	L	L	I	N	G	I	A	M	C	P
L	V	I	G	N	L	D	A	U	L	T	T	V	I	B	E
L	Q	L	C	L	B	O	M	N	C	F	C	R	Y	W	P
T	O	L	T	T	N	B	S	A	A	A	U	J	H	P	S
A	Q	I	A	P	S	W	R	S	O	C	S	I	S	B	H
L	B	R	I	G	H	T	L	I	G	H	T	T	N	H	X
K	Y	D	Q	Q	X	F	U	O	S	E	N	O	B	D	T
W	Q	B	J	E	D	H	O	H	N	M	T	R	O	C	Q
L	C	O	A	V	I	E	D	I	R	O	U	L	F	R	V
O	X	Q	C	P	T	Z	N	C	X	U	L	G	N	O	L
P	F	N	Z	U	D	G	Q	L	Z	F	J	E	E	W	A
D	V	P	Y	T	I	V	A	C	N	F	H	G	W	N	R

GUMS
CAVITY
FLUORIDE
WHITENING
NUMB
SUCTION
BLEEDING
SMALLTALK
FLOSS
FILLING
CLEANINGS
EXTRACTION
CROWN
DRILLING
ROOTCANAL
BRIGHTLIGHT

SOMEONE CROAKED

LET'S PUT THE "FUN" BACK IN FUNERAL!

T	C	Y	E	N	O	D	L	O	C	A	B	A	R	G	Q	V	T	M	M	W	H	Z
T	S	M	S	N	K	O	Z	P	E	T	Y	U	K	G	C	C	N	K	S	O	B	R
A	T	H	U	W	S	O	F	G	Q	L	E	J	X	W	P	J	V	E	Y	V	U	Z
N	U	P	X	X	G	U	N	X	P	X	T	R	S	F	W	O	L	V	C	M	I	J
F	O	X	D	E	A	D	G	I	V	E	A	W	A	Y	H	O	N	X	R	V	X	Z
W	G	S	G	H	S	U	Y	S	V	J	L	P	W	R	H	J	D	I	C	R	E	Z
H	N	P	R	N	Q	M	C	I	O	Z	C	X	T	T	L	M	A	D	K	D	C	Z
R	I	T	V	E	I	A	O	Y	N	S	W	F	O	U	Z	F	N	E	V	J	A	T
K	K	P	C	A	P	K	K	K	A	G	R	L	Y	L	F	X	O	T	M	L	L	X
J	C	K	I	J	R	G	A	H	I	S	P	J	Y	A	P	J	I	I	D	B	P	A
F	E	W	F	K	A	Z	N	T	Z	N	J	R	E	R	J	K	T	R	Z	Q	R	W
C	H	N	F	O	Y	C	N	I	R	E	G	V	O	B	M	I	A	I	O	W	I	X
N	C	L	O	U	F	V	K	Q	N	E	A	B	T	F	K	I	N	P	N	E	E	T
E	G	Z	G	K	O	X	U	N	C	R	D	V	O	U	E	R	I	S	Y	V	H	A
J	J	J	N	N	R	Z	J	M	G	M	U	N	Y	D	L	S	T	G	H	S	T	M
G	X	M	I	E	G	Y	X	J	L	E	J	O	U	R	Y	M	S	N	P	I	D	B
E	B	E	G	H	O	T	G	I	D	I	R	L	M	G	P	M	E	I	I	B	E	V
C	C	M	G	C	O	U	O	V	U	O	R	R	E	A	I	F	D	T	O	I	N	S
J	Q	B	O	J	D	N	E	D	A	E	D	N	B	U	T	B	L	T	X	N	R	D
R	D	F	L	X	W	P	E	O	B	I	Z	W	W	O	G	O	A	E	J	F	U	A
T	P	B	W	L	I	Y	T	L	A	C	U	J	C	T	L	S	N	G	W	B	T	G
S	U	E	Y	I	L	D	N	E	E	S	E	B	O	T	S	N	I	A	M	E	R	P
R	P	N	S	H	L	X	C	S	X	K	Q	R	S	C	U	D	F	Z	N	I	T	B

PLOTHOLES
CHECKINGOUT
BIGUNDERTAKING
REMAINSTOBESEEN
DEADENDJOB
SMOKINGBODY
DYINGPROFESSION
PRAYFORGOODWILL
LOGGINGOFF
GRABACOLDONE
URNEDTHEIRPLACE
FINALDESTINATION
GRAVEAFFAIR
DEADGIVEAWAY
GETTINGSPIRITED
NOTAMOURNINGPERSON

IT'S SUMMER!

THANK GOD FOR CENTRAL AIR

```
S D W S L O N G D A Y S T N I W G T D K
H G C O P B P X Y Z S B N N J H I C D S
A E J O I O L X B L W Y X O A H C T M S
D D A I R C O N D I T I O N I N G Z Z D
E W C T O B N O S C H O O L N T N B Z H
M O G W S E P M Y E H M U Z M J A P B C
V N L N M T J D S E L X R O A S D C Y K
C G N I H C R O C S N C T U H D C Y A M
C W L R U E Y O T Q Z Y I P W O Q U J V
V X Q M N K I U K S I Y C S R B B N U N
R G Q C P G O P N E L X K W P Q D S E E
Q Y H B D N P W B B W L M S X O W X K P
N E J B W I U T A Z A B I O U I P O Q J
D T F O W L B R S F B E J B M M B B Y I
I V R T A L M H E A G U P M R T L R V E
O B H S H I H W B P Z F I L Z E I Q X S
L Z K U X R T U A Y N N A B L G T B A I
E C V U G G H P L Z G G N I W O M A V B
L V M I Q Q T O L E M F W V R X W A W V
B K C D V H T K W J K M N Z L S A L Q P
```

SHADE FAIRS MOWING NOSCHOOL
DRENCHED GRILLING LONGDAYS SWIMMING
POPSICLE BASEBALL SCORCHING BROWNOUTS
VACATIONS HEATSTROKE WATERBILLS AIRCONDITIONING

SURPRISE BILLS

SHIT HAPPENS.

A	S	S	E	S	S	M	E	N	T	J	E	O	V	Y	G	Y	P	K	E
S	J	B	W	E	D	P	G	W	Z	D	K	B	W	U	A	H	O	J	B
E	Q	O	R	N	T	H	E	F	T	O	R	G	K	C	C	K	V	K	R
I	E	V	S	O	I	V	A	E	K	W	P	L	F	H	K	A	L	I	H
T	X	I	Z	G	K	X	G	Y	D	Q	G	G	B	V	V	E	T	O	P
I	T	B	Y	L	M	E	D	P	S	I	C	P	V	N	C	L	J	D	M
V	E	R	W	R	Y	Y	N	A	L	C	N	B	V	L	D	R	H	K	S
A	N	E	S	C	A	A	P	A	Z	O	E	G	T	O	F	E	A	U	E
C	D	A	W	W	B	T	H	I	P	M	S	A	T	S	L	T	W	U	C
M	E	K	V	E	K	S	O	H	R	P	V	T	U	I	E	A	G	S	A
V	D	D	V	E	S	L	S	X	Y	U	L	R	P	G	C	W	H	U	R
F	I	O	X	D	W	A	J	X	B	T	G	I	A	H	H	K	N	C	B
L	L	W	J	E	R	T	U	D	Y	E	C	M	A	O	O	R	E	B	D
I	L	N	L	C	P	I	K	T	R	R	A	W	U	N	K	N	U	T	B
H	N	S	M	N	G	P	G	Y	H	D	D	G	A	C	C	I	E	Y	Y
L	E	J	N	Q	B	S	Z	P	M	E	I	G	U	R	M	E	G	L	T
U	S	M	U	K	B	O	N	R	F	A	L	X	X	C	E	P	O	I	B
L	S	S	F	R	C	H	O	V	N	D	I	Z	G	V	F	O	E	M	Q
A	C	G	O	B	Y	T	G	L	P	J	N	L	Y	Z	E	I	D	C	N
P	L	H	P	T	S	Q	B	M	Y	Y	J	Q	I	S	I	Y	L	G	R

THEFT	CRASH	INJURY	BRACES
SURGERY	CAVITIES	WATERLEAK	LOSTPHONE
ASSESSMENT	BREAKDOWNS	STORMDAMAGE	COMPUTERDEAD
HOSPITALSTAY	SPEEDINGTICKET	BROKENAPPLIANCE	EXTENDEDILLNESS

D.I.Y.

WHY PAY SOMEONE WHEN YOU CAN FUCK IT UP YOURSELF?

P Z T D J M G X I O M Q L I H N M S P Z
Z R E P O W E R W A S H I J S E F G G F
A Q M A E K Q A M X P G X B I V A X F R
R W A K R J R I E U Z J Z S P U A Q E P
L U B P H X K S N K T S M P W G B H S L
Y M M R P Q Q E G E Y Z P A G X O H C Y
J Z O J S L C D S P S T L L I H W Y V Z
P A I N T I I G J Z Y L A I U W L D B W
N K L V J Z N A Y O P Z Y G I M M Z G Y
Y N C P T I P R N A J R H H S Z B J O N
Y Y H V W P O D P C O L O T O I Z I S V
J Y A S O G Q E E E E S U I U G D J N E
H T N E Q F R N W R B R S N T M D J C G
M S G I A E K L Z G I Y E G N E W A V H
K G E S N N D C W G W C F P L P Y K X O
X J Y V D C M L L A N D S C A P I N G V
M W S E L E C T R I C A L T R I T I Y P
P U C K H E Y T U O A X I I I K R U S F
C K O T A X H F M P U O E K C P L C B U
S A M A K M D S D P V X D O M A Y R M B

DECK
SHELVES
PLAYHOUSE
ELECTRICAL

PAINT
PLUMBING
OILCHANGE
LANDSCAPING

PATIO
LIGHTING
POWERWASH
RAISEDGARDEN

FENCE
SWINGSET
WALLPAPER
APPLIANCEREPAIR

SCREEN TIME

THE KIDS DEFINITELY AREN'T ALL RIGHT

N A D B O T A A T H P H I I E P Q E S J
H T Y R P U Z J R C U R O I W Y E Y X G
S S X A L F S G W K A I I O H H X G E E
E S D I U A E L M N L R M P Z B R S L J
E W J N D L Y T E L B A T O U A Y W C L
Y D R D E P A H S F O T U O P D A O U H
E R D R D R C N S M E B M H O I F H F D
S X C A N J T B S V C L I D A N T S Z W
T Y J I T I H S Q O X C Y Y Q F S S T G
R W K N O A I Y U M C W H D G L D D J Y
A E G Y T H P Y G O D I Y B C U E I J F
I B N N R Y Z L N Y R C A G C E T K A U
N L G M I C U T A N C E T L B N C N Y Y
L M W A E T E H X N K L G R M C I W V B
S R O O D N I S Y A W L A N X E D R D I
A B B V T E O O A N S P S C A U D K S S
A Z F N I W J F L M M H A N G D A I S C
S C L I T E K F X P B O O S C L X H A O
I V W J R O S L S Y X N H K A S J M D A
E O G U G S M Y G S J E W Y V C K C Y K

TABLET	MOVIES	CARTOONS	DATAPLAN
ADDICTED	CELLPHONE	KIDSSHOWS	EYESTRAIN
OUTOFSHAPE	BRAINDRAIN	EXPLOITING	SOCIALMEDIA
BADINFLUENCE	ALWAYSINDOORS	GRAPHICCONTENT	DANGEROUSTRENDS

$@#*%&!

SOMETIMES YOU JUST NEED TO LET IT ALL OUT

T	D	G	F	M	I	T	A	N	W	T	H	B	I	C	G	M
I	I	G	Y	F	B	R	E	O	S	I	S	A	R	N	W	O
M	D	M	N	K	U	Y	J	K	S	H	R	S	L	P	U	B
R	S	D	M	B	W	C	J	O	A	S	X	T	F	R	M	E
K	P	O	Q	A	U	X	K	R	K	F	E	A	F	I	O	F
X	L	N	N	F	D	L	G	F	C	O	T	R	D	C	T	O
H	H	K	E	O	M	D	L	U	A	E	Y	D	A	K	H	U
V	E	T	R	Z	F	B	O	S	J	C	L	L	E	S	E	T
R	K	V	N	R	Y	A	L	G	H	E	E	U	H	G	R	J
S	K	C	O	L	L	O	B	I	F	I	W	J	T	P	F	B
B	Z	A	I	Z	G	L	Z	I	N	P	T	P	I	R	U	E
B	L	Z	P	D	V	B	N	F	T	O	D	S	H	H	C	W
G	X	U	X	W	M	G	I	J	C	C	S	Z	S	M	K	A
G	U	N	C	C	E	L	B	K	T	O	H	Q	E	O	E	F
B	H	U	Y	R	K	Q	K	Q	F	G	I	F	B	J	R	A
S	A	S	S	H	O	L	E	F	Q	U	T	I	X	M	H	Z
U	Q	V	G	V	V	Z	Q	I	T	D	C	X	Z	L	W	T

DICK	PRICK	WANKER	JACKASS
ASSHOLE	PISSOFF	BASTARD	FUCKFACE
SHITHEAD	BULLSHIT	BOLLOCKS	GODDAMMIT
SONOFABITCH	PIECEOFSHIT	MOTHERFUCKER	MIDDLEFINGER

I NEED A VACATION

IT'S EITHER THAT OR MURDER.

S	U	A	T	H	E	M	E	P	A	R	K	Q	G	F	M
A	S	D	W	P	C	H	M	D	B	E	P	L	I	W	W
B	W	U	V	T	C	F	T	R	T	K	W	C	J	V	T
C	O	L	N	A	I	S	Q	C	O	R	L	X	I	P	X
H	C	T	Q	U	A	V	Q	D	G	A	G	E	S	G	U
B	V	O	X	E	J	U	B	P	P	P	D	T	L	N	Q
Y	U	N	L	P	D	Q	G	O	I	R	L	T	S	I	C
C	Y	L	X	Q	W	O	D	R	A	E	S	P	R	K	K
A	H	Y	C	G	J	C	T	S	S	T	S	N	S	I	L
M	C	N	F	W	Y	G	R	Y	R	A	I	I	G	H	P
P	T	H	L	G	N	I	I	K	S	W	Z	N	U	I	R
I	E	A	S	I	G	H	T	S	E	E	I	N	G	R	H
N	O	I	T	A	C	Y	A	T	S	H	I	I	Z	R	C
G	Z	N	H	C	A	E	B	A	S	B	M	T	J	T	D
X	U	A	D	N	A	L	S	I	A	G	L	M	E	C	L
H	J	B	L	I	Y	L	F	C	G	A	Q	I	W	F	M

BEACH	CABIN	ISLAND	CRUISE
HIKING	SKIING	CAMPING	FISHING
BOATING	ROADTRIP	THEMEPARK	WATERPARK
ADULTONLY	STAYCATION	SIGHTSEEING	HUNTINGTRIP

AIRPORTS

"FRIENDLY SKIES" MY ASS!

B	N	B	R	F	V	Q	W	E	C	A	P	S	G	E	L	J
U	H	A	L	T	D	E	K	O	O	B	R	E	V	O	M	I
M	B	Q	L	L	M	T	Y	P	E	R	A	F	R	I	A	S
P	P	D	V	O	L	C	U	R	H	X	K	Q	E	S	T	Z
E	C	A	P	S	N	O	Y	R	R	A	C	F	R	F	M	N
D	H	S	R	T	G	S	I	J	B	P	B	S	O	Z	I	F
R	X	C	R	L	D	E	T	J	I	U	C	N	U	J	H	X
Z	D	A	F	U	D	E	E	A	Y	R	L	R	T	R	U	I
Q	P	N	B	G	U	F	L	F	E	J	U	E	I	L	G	S
U	B	C	Y	G	I	G	N	A	E	S	P	W	N	C	W	T
X	R	E	E	A	R	N	M	L	Y	G	L	L	G	C	E	R
T	Y	L	O	G	I	I	W	U	T	S	A	L	I	C	E	A
M	U	L	Q	E	N	K	M	I	B	Y	O	G	A	P	Z	N
R	F	E	B	G	T	R	O	Z	O	C	T	K	G	M	Q	D
W	A	D	K	I	C	A	L	V	N	K	K	U	Y	A	S	E
J	U	I	O	T	I	P	E	K	O	H	R	L	R	K	B	D
Z	D	G	O	R	C	R	N	V	Q	E	R	I	C	D	H	H

DELAYS	BUMPED	LAYOVER	AIRFARE
LEGSPACE	STRANDED	REROUTING	CANCELLED
OVERBOOKED	TURBULENCE	BAGGAGEFEE	PARKINGFEE
SMALLSEATS	LOSTLUGGAGE	SCREAMINGKID	CARRYONSPACE

THE GREAT OUTDOORS

WHO DOESN'T LIKE CAMPING?

O	S	B	C	A	E	D	J	F	G	Q	R	Z	V	S	V	T	C
H	R	T	K	N	S	S	I	W	T	D	C	D	T	D	U	U	X
C	E	G	R	L	F	K	P	E	E	L	S	R	O	O	P	B	D
S	W	A	B	A	C	K	A	C	H	E	A	X	D	F	Y	F	K
D	O	O	W	G	N	I	R	E	H	T	A	G	H	H	S	I	R
E	H	B	I	Q	W	G	N	L	S	E	E	N	O	U	L	G	S
M	S	W	U	O	P	K	E	T	Q	T	B	V	R	X	S	L	E
F	A	S	I	G	J	Z	N	N	T	C	F	P	D	X	E	U	I
K	D	I	N	V	R	O	V	I	O	G	R	I	V	E	T	J	G
M	E	M	Y	A	W	E	N	N	T	I	T	H	P	L	I	Q	R
Q	E	T	C	E	K	G	P	P	S	C	S	I	O	K	B	C	E
S	N	H	R	G	L	E	I	E	H	P	N	E	M	C	G	N	L
H	T	I	A	O	I	K	S	Y	L	G	T	W	S	U	U	Q	L
R	F	D	S	D	J	T	T	A	B	L	J	Z	H	C	B	P	A
N	A	T	T	G	O	K	B	A	B	X	E	E	L	O	K	B	E
R	I	X	I	R	N	H	G	L	O	W	I	N	G	E	Y	E	S
I	Z	L	M	D	U	S	T	N	E	T	P	U	T	U	P	A	A
N	Y	H	E	T	J	U	T	W	R	F	G	F	B	Y	B	N	W

BUGBITES	ITCHY	SNAKES	BACKACHE
PUTUPTENT	ALLERGIES	POORSLEEP	GETTINGLOST
NEEDASHOWER	GLOWINGEYES	SLEEPINGBAG	BUGREPELLENT
GATHERINGWOOD	FIREWONTSTART	STRANGENOISES	SURPRISESTORM

BEACH DAY

SUN, SAND, AND A DASH OF SKIN CANCER

O	V	L	P	S	O	U	F	S	K	C	R	R	U	G	B	B	Y	V	B	U
R	E	A	H	L	N	U	W	J	W	J	L	U	J	C	B	Q	X	K	Q	B
C	Q	Z	H	O	T	F	Q	P	O	T	T	X	I	Z	H	C	A	R	J	M
W	Y	V	T	O	A	E	P	P	D	A	W	Q	T	Y	O	M	L	R	W	Z
A	H	R	M	T	S	N	D	E	D	W	O	R	C	F	N	J	X	K	J	G
T	C	A	W	B	E	N	A	I	E	R	K	T	G	A	R	B	X	I	Q	W
L	C	L	T	G	C	E	I	E	T	L	N	N	J	R	R	Y	K	R	A	I
V	G	L	H	T	O	D	F	L	P	P	I	E	E	M	V	Y	D	A	L	H
Z	B	D	G	X	O	L	E	G	A	K	I	N	E	E	J	G	R	U	L	D
N	S	K	I	N	S	U	E	V	N	T	P	R	G	R	B	X	P	R	L	W
V	S	Q	R	W	M	P	C	I	Q	I	V	H	Y	S	C	H	I	Y	C	S
U	R	K	B	P	I	E	R	H	C	L	N	D	Z	T	K	S	Z	I	A	K
E	E	U	G	H	W	D	S	F	E	Y	I	R	B	A	E	I	N	K	N	W
Y	K	U	N	N	Y	T	C	Q	X	D	J	W	U	N	K	E	N	U	T	L
J	W	O	I	A	K	O	N	J	J	I	M	E	M	B	V	N	D	G	S	S
S	A	N	D	Y	F	O	O	D	Z	S	S	Y	U	C	R	E	N	F	W	M
L	G	H	N	T	E	L	O	I	V	A	R	T	L	U	B	F	F	C	I	J
O	M	A	I	Y	A	G	R	A	Q	K	H	R	B	E	K	R	P	Z	M	N
Y	Y	J	L	K	B	T	V	S	G	R	C	N	A	W	G	Q	L	K	X	S
R	W	T	B	R	U	M	D	U	M	E	U	C	H	M	Q	Y	J	S	V	A
Y	S	J	M	L	S	H	A	R	K	S	H	Z	Y	X	B	J	V	Z	P	B

CROWDED	SHARKS	SUNBURN	GAWKERS
RIPTIDE	CANTSWIM	SUNSCREEN	NUDEBEACH
SANDYFOOD	FARMERSTAN	ULTRAVIOLET	BURNINGFEET
DAYDRINKING	PEELINGSKIN	BLINDINGBRIGHT	WHATTOUCHEDMYLEG

NOT A KID ANYMORE

WHEN DID I START GETTING SO DAMN OLD?

U	Q	H	R	Z	D	Y	C	V	P	B	Q	Z	S	K	V	W	P	R
J	C	I	U	V	N	O	I	T	S	E	G	I	D	N	I	E	N	L
R	H	R	M	I	I	R	I	Q	C	P	F	D	T	B	G	V	M	L
G	Q	A	A	S	T	O	U	T	O	F	T	O	U	C	H	J	S	U
R	F	N	O	I	E	Z	D	A	Y	U	H	L	I	U	H	C	E	J
S	C	D	I	O	R	T	M	Y	O	B	G	Q	T	D	W	F	U	F
Q	C	O	S	N	Y	L	S	N	G	C	I	H	U	Z	L	X	S	U
O	T	M	G	L	F	N	R	A	E	G	E	A	R	D	B	K	S	G
K	W	A	N	O	Q	O	R	N	T	N	W	T	R	X	G	O	I	I
A	R	C	I	S	W	B	V	T	O	G	G	E	Q	Z	N	P	L	K
N	O	H	H	S	L	A	D	A	F	I	N	K	H	A	N	K	E	I
Q	X	E	T	N	Z	E	I	C	F	H	I	I	Z	M	P	M	W	Z
U	P	S	G	F	D	O	Y	I	M	K	N	D	G	K	X	E	O	N
B	J	D	N	N	C	O	L	D	Y	C	I	S	G	N	M	S	B	P
R	C	O	I	A	W	O	C	O	L	J	A	T	P	M	A	T	A	H
R	U	W	S	P	Y	Q	C	U	A	L	G	T	Z	H	S	H	K	G
G	K	M	O	S	P	P	D	U	W	F	X	V	K	F	S	W	C	Z
G	S	L	L	C	C	O	L	O	N	O	S	C	O	P	Y	F	B	Z
M	J	T	L	C	O	N	S	T	I	P	A	T	I	O	N	C	V	F

NAPS
HATEKIDS
INDIGESTION
CONSTIPATION
WINDED
VISIONLOSS
BOWELISSUES
LOSINGTHINGS
WORNOUT
OUTOFTOUCH
COLONOSCOPY
GAININGWEIGHT
ANTACID
RANDOMACHES
GETOFFMYLAWN
CHANGINGTASTES

TEENAGERS

I'M SURE THIS IS KARMA...

S D C N J Q D R K R V P Z X R G Y T G
N G R T Z A D K G S B K C E D G W S N
S K N I R D G N I K A E N S W T E X I
N D T I V D R E B E L L I O U S F P T
P F H F C E P U X M L V L X Y L R B U
A W L A U R R U Q V E O U W W T U M O
B U R Q J T E S B N M L J Z D D C I H
I P S Q B A M I L E Y E Z K B W K Z S
P P T G I L X E P I R N V A U O A X Q
A W N B N K E F N I C T N Q C E E F M
S T E A L I N G M O N E Y P B I R Q S
Q C M T B N C L E S H K N B S S B G L
D C U Y S G H N K E N H Z S L M T S U
B V G D E B E G A I L Y L A E E O V A
G F R L K A T T I T U D E Z R P C R N
Z B A Z N C R Z R R S H F P U G D N P
L Q L Q J K T W L A R I O E T U Y T A
W M O M C G M F N P V R D J U N I X A
F G K T L M O Q R P J S N H B V E O J

LYING
WOEISME
PIERCINGS
TALKINGBACK
PARTIES
SHOUTING
REBELLIOUS
STEALINGMONEY
PUBERTY
ATTITUDE
DISTANCING
SNEAKINGDRINKS
PROM
ARGUMENTS
BREAKCURFEW
DRIVERSLICENSE

WTF?

ARE THEY EVEN SPEAKING ENGLISH?

U	W	O	Q	Y	A	Q	A	Y	U	N	J	X	B	K	X	X	C
K	B	Y	C	A	P	P	I	N	I	S	S	U	B	B	O	V	E
W	T	N	E	R	E	F	F	I	D	S	T	I	H	T	E	B	I
N	M	K	X	U	A	I	G	Y	C	F	N	W	V	I	J	V	L
N	B	Y	C	Q	S	Y	M	F	V	I	H	T	G	D	D	C	M
B	E	V	I	R	F	E	C	W	Q	Z	R	C	O	Q	Q	B	K
U	T	R	S	X	I	L	A	R	V	K	V	L	J	T	S	C	Y
N	J	Y	A	H	Y	N	X	J	A	F	O	C	G	B	E	D	Q
B	J	X	B	K	B	D	G	E	C	Y	F	R	X	P	N	S	N
T	R	B	W	H	K	Q	K	E	T	S	Q	L	O	A	P	J	T
U	Z	M	Y	J	Q	W	C	J	R	R	K	V	D	A	T	F	A
D	E	Z	A	I	V	G	P	U	K	V	A	V	L	E	U	P	O
O	C	S	F	F	N	Q	R	O	U	A	G	S	V	G	B	M	G
G	G	D	K	L	K	A	Z	B	O	L	J	N	T	P	Y	X	P
X	M	H	D	J	R	Z	O	B	A	L	X	S	M	Y	P	Z	P
P	A	X	G	B	I	R	L	D	T	E	G	W	L	H	W	R	F
N	N	F	X	R	E	M	O	O	B	H	Y	A	O	G	J	J	W
G	G	V	Y	D	X	X	Y	M	R	O	W	V	E	T	Y	P	F

BET	BAE	YOLO	GOAT
RIZZ	TOTES	BASIC	KAREN
SLAPS	BUSSIN	BOUJEE	BOOMER
CAPPIN	CRINGE	CRAYCRAY	HITSDIFFERENT

BATTLE AGAINST THE BULGE

APPARENTLY, I LIKE DONUTS A BIT TOO MUCH.

C	U	J	Z	E	E	B	X	D	N	L	X	X	T	W	F	B	B
T	I	G	H	T	C	L	O	T	H	E	S	N	D	G	F	K	E
Y	F	P	H	D	W	Y	G	A	P	V	O	Y	H	O	K	L	J
R	S	W	E	E	T	S	Z	D	J	U	N	K	F	O	O	D	L
F	T	L	I	T	R	F	G	I	J	P	C	E	M	R	F	X	A
B	D	G	A	A	W	A	I	S	T	L	I	N	E	A	R	G	Q
D	H	R	E	R	Z	H	R	G	I	O	V	T	T	F	V	V	Y
T	N	Y	U	U	G	Z	R	Y	Q	I	S	I	A	U	S	B	F
Q	D	T	V	T	U	E	K	E	V	E	S	U	B	Y	N	M	E
C	O	G	I	A	A	G	P	H	L	Q	J	K	O	K	K	S	I
U	O	P	I	S	E	W	I	O	V	D	K	A	L	H	Q	R	G
T	F	I	E	R	D	H	H	W	R	G	L	P	I	Y	G	Y	M
I	D	G	W	E	T	C	V	G	Z	T	C	Q	S	M	K	A	D
I	E	K	H	Z	N	H	B	L	H	A	I	Z	M	A	I	L	P
M	I	Z	Y	P	I	T	A	Q	K	C	Q	O	A	B	C	M	L
B	R	N	U	W	W	L	P	C	I	E	D	A	N	O	E	B	E
W	F	E	L	B	Z	B	Q	O	W	L	R	V	I	S	E	R	Z
Y	W	P	U	W	O	T	X	C	A	L	O	R	I	E	S	U	J

BMI	FAT	GIRTH	HEAVY
WEIGHT	SWEETS	GREASE	CALORIES
JUNKFOOD	WAISTLINE	SATURATED	FRIEDFOOD
METABOLISM	CHOLESTEROL	TIGHTCLOTHES	LARGEPORTIONS

LAWN CARE

HARD WORK, BRIEF REWARDS

G	F	W	L	I	U	K	L	I	H	Y	H	Z	Z	N	X	R
R	J	C	J	A	E	R	A	T	I	O	N	N	H	F	T	X
A	C	B	B	L	H	Q	N	D	R	L	R	I	K	B	N	C
K	F	S	T	N	E	M	D	N	E	M	A	Y	C	L	Y	N
E	O	M	G	D	R	T	S	T	O	P	S	E	R	A	B	M
L	G	B	C	N	B	W	C	J	O	D	G	B	A	U	N	O
E	S	M	W	T	I	O	A	N	O	F	R	A	B	R	Y	L
A	Y	B	G	X	C	P	P	T	S	V	V	C	G	O	T	E
V	G	L	N	F	I	Q	I	O	E	J	E	I	R	P	A	V
E	Y	Q	W	S	D	U	N	R	O	R	K	R	A	P	C	K
S	E	A	D	A	E	T	G	W	T	C	I	S	S	A	J	M
I	K	E	A	W	R	F	A	N	N	S	S	N	S	E	M	X
F	E	R	T	I	L	I	Z	E	R	U	N	P	G	G	E	T
W	V	T	M	K	G	K	E	U	B	E	U	W	O	G	A	D
I	T	M	U	T	R	K	Q	E	Q	X	W	C	A	O	C	O
W	E	I	T	X	V	S	M	E	C	F	D	O	T	L	P	N
R	N	U	D	J	C	A	I	S	S	O	N	F	M	G	M	M

MOLE	MOWER	WEEDS	TRIMMER
AERATION	OVERSEED	BARESPOT	WATERING
HERBICIDE	CRABGRASS	POOPSCOOP	FERTILIZER
RAKELEAVES	AMENDMENTS	LANDSCAPING	LAWNSTRIPING

FEAR THE REAPER

WAYS I'M CONVINCED I'M GOING TO DIE...

O S X R Y P S D L E K V J S E J M F V P S
E S X G U N D A A Y N N W D D Q E Q L H I
N Z J S W E P K X K N O I S I L L O C T Q
I C O Z M C L A K F D I L P S C E M T X N
G Q J V L G A W K Q O T C A H U F X F B D
Z L M U N W N R H R M C L O Z I O P G L K
S S T R O K E I G E J A K X N W O I U Q Z
V S H V P C C N N A A E Z E Q G R L T F J
M C K Y N T R A U O M R M Z N B F L T N H
T S K A E G A O G W S C T I B F F X A Z Z
N O C C U S S N B R Y I G A C Z O F V Z Z
N Y H M M M H Y Y H R G O H T P L B M H X
U Z X S O P B L E Q U R P P P T L N S N Q
E W X P N R U M S M E E L Z D I A I N R F
D R O P I U D U G P N L D I J O F C A X L
X Q K F A C G H N W A L N H G O O Y K Q S
B Z N W Q R Q T O X N A B Z L R V F E S C
Y J Y C V M X R B S I Y R Z A M B D B L H
G M A X N O D R I A A E U H S Z F I I F M
E X B R P M H G V A R N L L S F F X T S P
I Z Y Z D S G R A V B R M Y H Q O M E G I

CHOKE	ALONE	DROWN	CANCER
STROKE	MUGGING	GUNSHOT	COLLISION
PNEUMONIA	SNAKEBITE	PLANECRASH	FALLOFFROOF
HEARTATTACK	FOODPOISONING	BRAINANEURYSM	ALLERGICREACTION

AGING FOR WOMEN

AGE IS JUST A NUMBER... ONE THAT'S NONE OF YOUR DAMN BUSINESS!

M	E	S	T	R	O	G	E	N	X	Q	S	X	Z	L	D	P
F	G	A	N	K	N	M	E	N	O	P	A	U	S	E	Q	F
K	O	G	E	I	M	Y	H	K	R	J	Q	C	P	J	G	X
X	S	G	I	R	G	G	N	I	Y	A	R	G	I	K	A	J
K	T	I	N	H	I	H	S	X	D	O	A	V	D	H	W	B
I	E	N	K	O	O	A	T	P	W	R	G	Q	E	U	S	B
Y	O	G	D	L	L	T	H	S	T	I	U	E	R	U	L	Y
G	P	S	X	R	U	O	F	G	W	Y	O	Y	V	M	C	N
J	O	T	R	F	Y	E	W	L	N	E	C	M	E	A	O	L
Z	R	O	E	G	E	N	E	L	A	I	A	R	I	T	O	B
X	O	P	H	T	E	J	E	Z	I	S	N	T	N	O	Q	G
W	S	S	O	R	G	D	Y	S	U	B	H	N	S	H	H	B
T	I	N	Q	E	Q	P	X	C	S	K	I	E	I	B	Q	H
H	S	U	B	W	R	I	N	K	L	E	S	D	G	H	L	N
H	J	S	X	I	N	B	B	Z	F	K	G	G	O	G	T	J
C	G	O	E	U	Y	K	Z	F	I	I	B	N	X	M	Q	Q
H	H	R	Q	B	G	U	K	N	B	N	T	Q	A	A	Q	G

COUGAR	DRYNESS	SAGGING	GRAYING
WRINKLES	HOTFLASH	ESTROGEN	SUNSPOTS
CROWSFEET	MENOPAUSE	LOOSESKIN	LOWLIBIDO
NIGHTSWEATS	SPIDERVEINS	THINNINGHAIR	OSTEOPOROSIS

AGING FOR MEN

LIKE A FINE WINE

D O V H R W Y T F K N C Q S J M H X M Z R B U O
K F M Q Z P D E T H F M G W U C L O A N J M E J
F J C Z E R T G W G C Z N A W C W T Y C I C B D
R N L C C A N T G A P L S N P R D A L V F Q S X
E R E C T I L E D Y S F U N C T I O N I P T C R
P D K S D D Z R L R R G W T E S X G T Z A D D L
P G O L F Q I W O R E T D P T A Z E B M X D A I
E R A W Q T B S Z S I W A N I Z S C H V U A U X
P B W Q W O C M T I E G G Z E T M H Z C F L B E
D K V G F U K S B I F J H H O M O K O Y G M C K
N I Q I H P H D B D N F G S E B U Y R A L D O C
A D U L N E T U X N W G T D C A R M J M A H M T
T N L A L E X M Y O S E U S S I R E D D A L B S
L E P C L A O Y F N R A X I K B L I T I J G O L
A Y C O H R F Y D O V Y J O S A I Z N E V M V P
S S S A H O Q P N D L B X T M H V J K G H R E Z
X T Y T F Q J E O I A U Z Z L B E T B G L T R H
K O Y P S U Z U M T G D I V M J R D A A L O A T
V N D N N P C I T H B V R A Q I S Q B M J W S C
G E J I R P D K P R U E D A B K P A G H Y S P S
W S S O L E L C S U M E L J G Y O L R I U E N O
X U G N T V M X I Y M R Z L T U T L B K B L S J
R J O F V E X O T S T T B E Y Z S Q A R F F C K
Q A J Z Y P L I O Q E V D B K B S U Y D Z D G P

BALDING	TOUPEE	COMBOVER	PROSTATE
CATHETER	POTBELLY	LIVERSPOTS	MUSCLELOSS
SUGARDADDY	HEARINGLOSS	TESTOSTERONE	KIDNEYSTONES
SALTANDPEPPER	DISTINGUISHED	BLADDERISSUES	ERECTILEDYSFUNCTION

POLITICS

SURE TO SPICE UP ANY FAMILY GATHERING!

X	R	V	Q	Y	D	B	L	K	D	D	L	P	P	E	K	B
N	B	E	T	S	E	N	A	T	E	M	P	P	D	P	B	T
V	M	X	H	R	E	J	D	C	X	R	T	P	U	O	C	Q
U	U	T	W	N	U	Z	N	P	Y	K	N	L	P	L	Q	L
O	D	Z	P	H	H	O	A	W	E	T	E	Q	N	I	Y	S
S	S	E	X	U	N	H	C	U	N	A	D	X	R	T	Q	W
E	L	J	M	B	R	R	S	E	O	W	I	C	C	I	M	R
T	I	Z	M	O	G	R	D	Y	M	R	S	L	E	C	M	O
O	N	E	W	R	C	N	O	C	Y	E	E	J	T	A	I	M
H	G	E	N	M	E	R	A	C	T	P	R	M	Y	L	E	H
Z	I	D	F	P	J	T	A	W	R	U	P	P	X	A	J	X
B	N	K	E	T	W	E	D	T	I	B	Z	N	U	D	R	F
C	G	D	Q	N	A	B	L	I	D	L	P	X	H	S	B	H
X	N	K	T	E	R	M	L	I	M	I	T	S	P	V	F	Q
I	R	A	W	E	R	U	T	L	U	C	H	T	L	J	W	P
H	O	U	S	E	Q	I	N	K	U	A	I	O	V	B	E	D
Z	F	T	B	C	F	J	A	B	G	N	I	Y	B	B	O	L

HOUSE	SENATE	CORRUPT	MIDTERM
SCANDAL	DEMOCRAT	LOBBYING	TERMLIMIT
PRESIDENT	REPUBLICAN	CULTUREWAR	DIRTYMONEY
MUDSLINGING	INDEPENDENT	SUPREMECOURT	POLITICALADS

WHAT'S FOR DINNER?

THE SAME DAMN ROTATION, WEEK AFTER WEEK

D	V	U	D	R	I	B	R	L	D	S	C	L	Q	T
C	E	Y	F	H	S	Y	E	A	A	N	V	A	D	Q
H	M	A	F	E	R	E	S	B	F	G	P	A	F	F
E	P	K	J	F	E	B	G	U	A	U	Z	D	S	I
C	B	O	R	Z	H	B	Q	G	O	M	J	A	B	E
M	I	I	T	O	C	A	T	S	L	J	N	N	O	U
P	T	T	O	P	M	D	Y	S	T	G	G	T	B	W
S	K	T	S	B	I	R	E	R	A	P	S	Z	A	K
A	R	E	H	K	A	E	T	S	E	O	F	O	K	D
L	S	H	B	H	D	C	A	A	M	X	R	K	W	D
M	U	G	P	L	D	L	O	E	S	Y	Z	I	I	X
O	S	A	D	A	L	I	H	C	N	E	N	I	W	Z
N	S	P	O	H	C	K	R	O	P	R	A	V	E	R
C	U	S	K	I	L	L	E	T	T	W	F	G	I	M
D	D	V	C	H	I	L	I	W	U	H	E	W	F	F

STEAK
ENCHILADAS
SKILLET
CHILI
SPAGHETTI
LASAGNA
MEATLOAF
TACO
SALMON
ROASTBEEF
KABOBS
PORKCHOP
SOUP
POTPIE
SPARERIBS
STIRFRY

MOVIE NIGHT

IF WE CAN ACTUALLY AGREE ON WHAT TO WATCH...

H P B Z Z F Z K J S J C K W D W R T S W
X I L K D V R L K F F R A V Q R U C R D
I X K A W R Q W P R A E Y K I O D A E R
M I F K D D E W O D E O Y D E M O C L J
T P E A T R U E S T O R Y L N A O X I G
W V R R N G B Q B O K E A I C N J U O T
O Q S E O T V N P Y B H M G K C S S P U
Q O N K D R A K I N F R A Q Q E V O S C
J H M W K I R S T I D E R C T S O P B K
I D D X F U C O Y M C P D W B N P L U U
F C G R X X J T H A U U D N Y E T S I E
S D E T A M I N A C U S O G X P Z T R T
H R N C C E N T G B O A I Y R S C H Z V
B P P T T M J I Z W L X R A N U R V Y A
M R E Q I N O W A X D E E E G S D U D Y
Y C E L O K O R P L W G P U H D D Q Y X
A T F C N C T F N P L K E L Z W C G E N
L T C X P I D M H B O I W Y O L P L M N
J N J O M O Y Y P O T U V C D T A R W L
J S L E S C I E N C E F I C T I O N P C

COMEDY
VILLAIN
SPOILERS
PERIODDRAMA
ACTION
WARTIME
ANIMATED
POSTCREDITS
HORROR
FANTASY
SUPERHERO
PREDICTABLEPLOT
ROMANCE
SUSPENSE
TRUESTORY
SCIENCEFICTION

TEENAGE LOVE

FUCKING HORMONES.

C U Z O B S E S S E D D T S G P Q J L K
C L F S R F O I X E Z U D T Y P X C N X
H U O W Y E P P D K V N T U Z Y B F T S
A W M S U N V W U C E A N D K L Z I T T
P T Z W E W J E I I D O N Y J T U R B F
E J C Z J D P J R C B D P D U U Z U W K
R V E H F Y D F X O R K D A B O L Z Q L
O W J X L E Y O Y W F F G T Z G C I Y G
N A R A V O E S O G Y R N E J N C R E X
E H J I B X I D W R Z E E H E I P W V T
Y S S J B N S M N H V Q G H E K L V U N
Q P G U R V V Q P E I I S X T A B D B T
R R O O R D H B R A I G B Z I E I D D Q
D S O E K C J A V R G R M V S N G F O Y
P M J M I T P E N T G X F M F S S O O Q
X X S O T A B T H B D F B L V Q O L T H
C L H R R B S P B R S L N M R K M R T E
E M Z T H M S I O E H E X L G I M M K U
I S N X M A S F T A A G K V N C G C M J
B R E A K U P M A K I N G O U T O R V W

CRUSH	ROMEO	JULIET	BREAKUP
OBSESSED	CHAPERONE	BOYFRIEND	STUDYDATE
MAKINGOUT	GIRLFRIEND	CLOSEDDOOR	NEVERAPART
HEARTBREAK	SNEAKINGOUT	NOBOYSINROOM	TOGETHERFOREVER

HALLOWEEN

KIDS ARE TOO SOFT. BACK IN MY DAY...

O	O	Q	X	F	D	L	R	H	O	M	E	L	A	T	E	X	T	D
O	I	F	R	J	N	R	O	A	M	W	I	L	D	B	G	R	S	W
C	R	Q	F	D	E	S	I	V	R	E	P	U	S	N	U	C	Q	X
Q	O	H	C	A	R	V	E	P	U	M	P	K	I	N	S	T	J	T
O	M	S	R	R	D	Y	C	S	O	V	E	D	A	C	E	M	Z	S
E	N	D	T	F	K	R	T	E	L	Z	D	O	D	I	S	S	T	N
U	O	O	W	U	A	E	H	M	E	Y	R	U	J	F	U	F	O	H
N	O	D	Y	L	M	C	R	U	R	Q	Y	J	Q	K	O	I	R	B
E	Q	N	M	L	M	E	I	T	O	D	M	X	X	F	H	P	M	Y
B	H	D	S	B	Z	Q	C	S	G	V	M	D	M	A	D	L	E	Y
G	M	W	L	A	O	A	C	O	U	H	T	U	Y	K	E	A	N	V
N	W	Y	J	G	J	P	R	C	N	M	Z	A	V	E	T	Y	T	M
Q	E	L	I	S	A	C	C	Y	A	T	Y	Q	F	B	N	T	K	A
J	G	R	A	V	E	Y	A	R	D	X	E	K	E	L	U	R	I	K
A	S	A	F	T	E	R	D	A	R	K	U	S	O	O	A	I	D	D
S	T	O	M	A	C	H	A	C	H	E	N	M	T	O	H	C	S	C
D	G	F	A	B	N	K	Q	S	P	Z	U	C	N	D	P	K	Q	R
X	O	F	N	P	T	O	I	L	E	T	P	A	P	E	R	S	W	C
N	P	R	L	P	I	S	A	G	D	E	C	J	Y	R	B	L	N	Q

FULLBAGS	ROAMWILD	HOMELATE	AFTERDARK
FAKEBLOOD	GRAVEYARD	PLAYTRICKS	TORMENTKIDS
TOILETPAPER	SPOOKYMUSIC	STOMACHACHE	UNSUPERVISED
CARVEPUMPKIN	HAUNTEDHOUSES	SCARYCOSTUMES	COSTUMECONTEST

EMPTY NEST

SHOULD I BE MOURNING, OR THROWING A PARTY?

Y E D D B A O U V F L G Z G S N E N Q F U

P A N O N Q A U V B E X T D X W X N N H G

T E N W E T A V O N E R E V I D X V Z P S

X Z R N A I I O N F Y C M B N K Y C T Q E

E J U S T U G P Q I L R P G D T T O E P N

S K A I O X K Z Q U D E T G Y H R I R M K

D B P Z U N K L T Z B C Y N H V A O P P B

L B E E T F A T F H G C S A A S V C X B K

I Y S E O V E L J K L Y P U N P E C K Z T

W K O N F R L G P E A X A V B S L F E N C

S R C G T K Z N A R K W C O I N O L A I C

H X I Q E E X N X Z O T E W E S Z O U D T

L S A S N K H L P P G J W N E L G H U F G

U N L O P O Z J M Z P S E I B B O H V U L

Q Q I W U G A L H B L E W C E W R X M U X

W V Z S N Z Y I W P I J M E T I M E F Q O

F O E C N I P F Y R D N U A L S S E L I F

J Z R G L N H Y V V E X S L B L C C O Q O

W N P M L D A A L S Z K D S Y A I U T L L

F W M N C X J A L I Y N E U E G S B D X G

X T E I U Q M Y T Y O J J P J T Y P D F I

QUIET	TRAVEL	METIME	HOBBIES
WILDSEX	DOWNSIZE	PEACEFUL	RENOVATE
DECLUTTER	SOCIALIZE	EMPTYSPACE	FULLPANTRY
CLEANHOUSE	EATOUTOFTEN	LESSLAUNDRY	PERSONALPROJECTS

NEWFOUND HOBBIES

WHEN DID THESE BECOME FUN???

K	Z	G	D	G	A	R	D	E	N	I	N	G	F	F	A	C	Z
O	K	N	A	S	E	A	A	A	N	T	I	Q	U	I	N	G	Q
O	I	I	N	O	T	I	P	I	G	N	T	Y	E	M	A	X	U
B	C	K	C	D	M	F	C	T	N	T	M	V	F	N	G	C	U
P	R	R	E	R	G	N	A	P	I	P	K	Q	K	Q	E	E	Q
A	O	O	L	N	C	N	B	R	H	L	G	N	I	N	N	A	C
R	S	W	E	Y	B	N	W	U	C	R	Q	K	W	T	E	F	Z
C	S	D	S	H	U	W	G	R	T	D	P	Q	O	C	A	I	B
S	W	O	S	O	H	L	O	B	A	V	N	U	R	J	L	R	K
W	O	O	O	B	G	C	M	L	W	K	H	A	D	F	O	E	O
P	R	W	N	W	H	N	K	J	D	F	C	I	S	Y	G	T	H
B	D	B	S	E	T	U	I	L	R	U	C	H	E	T	Y	C	F
V	P	C	T	T	F	I	K	B	I	H	V	Z	A	D	R	O	I
T	B	O	O	K	C	L	U	B	B	R	K	M	R	F	H	A	J
F	J	I	G	S	A	W	P	U	Z	Z	L	E	C	U	Z	J	E
Y	H	D	M	J	U	D	H	D	M	Z	W	B	H	K	C	W	G
E	D	W	B	B	I	S	Z	W	E	S	D	F	L	Y	I	J	Y
E	G	R	E	E	T	N	U	L	O	V	B	V	D	J	N	V	R

BINGO	CROCHET	CANNING	BOOKCLUB
GARDENING	CROSSWORD	ANTIQUING	VOLUNTEER
SCRAPBOOK	GENEALOGY	WORDSEARCH	WOODWORKING
BIRDWATCHING	JIGSAWPUZZLE	DANCELESSONS	ARTSANDCRAFTS

SWEET TOOTH

FUCK IT, LIFE'S SHORT. EAT DESSERT!

G	E	I	K	O	O	C	J	K	J	Z	E	N	X	Q	I	D
M	O	O	G	T	G	H	S	K	B	G	P	I	Y	D	A	L
M	F	Z	E	M	X	F	A	Y	E	A	D	O	A	N	V	T
J	O	R	K	N	E	T	X	B	S	Y	K	K	D	S	L	W
G	L	D	O	W	C	T	T	T	O	Q	L	L	X	U	N	S
N	S	U	A	Z	H	O	R	S	U	B	X	I	A	C	D	T
I	A	N	E	N	E	I	B	O	C	O	S	L	M	V	J	R
D	N	I	V	S	E	N	P	B	T	M	D	M	U	E	A	A
D	Y	T	E	S	S	K	Y	U	L	W	D	F	J	E	P	T
U	B	M	B	E	E	Z	A	O	R	E	J	C	Q	P	Q	I
P	S	E	K	A	C	P	U	C	G	Q	R	X	J	Y	K	M
V	E	I	P	G	A	D	E	W	T	U	F	J	M	Y	G	S
T	O	N	M	H	K	G	E	X	S	O	R	P	O	G	Q	T
C	R	W	M	A	E	R	C	E	C	I	R	T	I	H	S	A
H	A	O	R	W	R	H	N	R	Q	F	J	R	G	P	C	B
U	T	R	O	H	V	I	A	L	J	Z	D	X	A	V	J	F
R	N	B	C	M	H	C	T	Z	O	H	Q	V	W	C	E	X

PIE	TORTE	TARTS	COOKIE
CUPCAKE	BAKLAVA	PUDDING	BROWNIE
COBBLER	KEYLIME	ICECREAM	PASTRIES
TIRAMISU	CHEESECAKE	CARROTCAKE	FROZENYOGURT

THE NEST EGG

IF MORE MONEY MEANS MORE PROBLEMS, I LOVE PROBLEMS.

```
I T Y P U Q P G U C H Y D O K F D E S H U V
I E A F G W R T Y N F U V B C I A Q A I O T
S L H T F S D P V M Q V A Q P S N Z V S P X
D M O P R I I J P L F Q P H S N Q R I J Y B
F G K Z C U N P M N I N V E S T M E N T S M
S E E H S M S A B V P S T M W Y J M G D L A
T N U O C C A T N E M E R I T E R X S R P D
T G B M Q Y H N T C W S N T S A Q E L P T S
I S Z G L E M S S I I U E J D K L Z L T M P
S C C S M I X B D P A A A V Y D W V M V M D
O S R D D L Y T O Z S L L T X X H M R R T G
P B O N D S D T I B D R E A L E S T A T E J
E W T E G D U B I A Y X Y E D T X N F G Z W
D K H D M J F V N D L T X R S V V D H Q J N
E K Q I I O K N K C I W Y L W W I D X R U L
M Z H V K B U U R U X U R S I Q O S U H C D
I F C I O I X B Q U N Z Q Y K F Q F O Q B X
T Y I D T H B E D O K N O I S N E P B R S B
V B T Y A W B F I H S J V J L S Q O S H B Z
S I M P Y Q C Z E B C T U H P A G N V C L W
U J K H T C H E C K I N G B L C V F V M U Y
M L X K X J N X U R C R P B R G K T R K U W
```

SAVINGS	PENSION	INVESTMENTS	LIQUIDITY
CHECKING	EQUITY	DIVIDENDS	RETIREMENTACCOUNT
FINANCIALADVISOR	TRUST	BONDS	ASSET
BUDGET	REALESTATE	TIMEDEPOSIT	ANNUITY

OK, BOOMER

SO I STRUGGLE WITH A PDF. AT LEAST I KNOW WHAT THESE ARE...

D	N	A	P	R	O	J	E	C	T	O	R	E	Q	W	C	S	C	A	N	Y
Y	D	V	I	N	J	F	R	G	P	V	V	E	X	O	Z	K	A	A	L	S
E	H	X	R	D	I	K	E	T	O	T	X	T	T	R	S	W	T	U	G	Q
V	A	N	S	W	E	R	I	N	G	M	A	C	H	I	N	E	H	L	D	G
U	P	N	L	P	Y	P	Z	P	O	Z	R	K	D	I	R	U	O	Z	T	D
E	S	X	S	A	D	R	O	C	E	R	L	Y	N	I	V	W	D	Z	Y	O
L	S	P	U	L	A	I	D	L	M	N	P	X	I	S	A	X	E	R	L	T
I	T	T	S	H	W	X	G	H	C	P	I	J	Z	I	R	J	R	P	H	M
A	D	C	A	S	A	H	B	Z	O	Y	T	L	L	Y	G	D	A	A	Y	A
J	N	P	L	F	L	Y	F	L	R	V	C	C	D	Z	G	V	Y	P	E	T
E	K	X	G	F	K	V	F	O	R	O	O	N	J	N	J	N	B	E	F	R
D	O	K	I	L	M	N	J	Q	T	P	I	J	E	F	A	G	F	Y	U	I
R	K	L	I	G	A	J	D	V	G	E	K	N	O	J	N	L	R	I	J	X
H	I	D	K	O	N	Y	S	J	X	Z	O	D	J	B	R	E	G	A	P	O
E	G	T	K	V	O	N	I	P	N	H	Z	E	A	T	T	O	K	W	V	F
Z	B	Y	T	E	T	N	D	Z	P	B	O	D	T	T	Y	V	C	W	R	N
Y	A	H	T	C	C	T	W	Y	J	B	P	I	E	M	Y	U	C	H	H	R
P	C	Z	M	L	F	F	A	C	B	O	Y	S	T	X	D	W	Z	F	A	O
Y	B	Q	L	X	L	P	D	C	L	V	S	S	X	Q	B	H	D	M	X	R
T	H	O	C	P	A	I	W	E	P	A	T	O	E	D	I	V	C	G	S	Q
B	N	V	R	C	L	R	S	O	C	Q	Y	E	Q	D	J	J	B	A	G	X

FAX	PAGER	DIALUP	WALKMAN
PAYPHONE	LANDLINE	CASSETTE	VIDEOTAPE
PROJECTOR	DOTMATRIX	FLOPPYDISK	TYPEWRITER
CATHODERAY	VINYLRECORD	ENCYCLOPEDIA	ANSWERINGMACHINE

THANKSGIVING

WHO IN THE HELL PICKED THURSDAY?

Q Q F F N I M Y V L Q N N V T U V P O
M V Z J B M F G I R G D K U L G A B Q
U L W W I C U O S O L S T U F F I N G
W A X J C A I Q S M P D F F C A U L I
M O L Z K S K D S S U S Y R Y A M S V
X Z X S E S J N S Z S O A P X R Z E F
S U M G R E E N B E A N S X K S U O X
D M T L I R N E R Y B M D B M Y O T K
C W Z G N O O T E E I I G K V T M A U
R L K N G L S U R R Y U O R B X Q T G
O S D P X E A R E E E J X A A O V O X
L D E M Z W Y Q Q S K P L Z D W H P E
L A P P C A S Z T Y R L V Q O G P D D
S K I K S P Z S G E U I X L R L U E A
G K N E K C U D R U T A F H O S T H R
O D J W B P B J S R E V O T F E L S A
R U D B C F V F X D W O L R O S Q A P
X X O P U C J J Y A F F O O D C O M A
W X Z O C F S D N B J S D A Z N U W Y

YAMS	ROLLS	TURKEY	GUESTS
PARADE	STUFFING	FOOTBALL	FOODCOMA
BICKERING	STRESSFUL	CRANBERRY	CASSEROLE
LEFTOVERS	TURDUCKEN	GREENBEANS	MASHEDPOTATOES

THE GOLDEN YEARS

WHICH WILL RUN OUT FIRST - MY MONEY OR MY HEALTH?

D	D	B	D	S	N	R	W	E	V	Z	H	C	Q	A	J	C	K	T
S	R	P	K	N	O	I	S	N	E	P	U	Q	F	H	V	T	E	Z
J	I	J	E	J	D	C	S	S	O	L	Y	R	O	M	E	M	C	B
M	B	V	M	B	O	B	I	V	C	S	U	P	M	W	P	B	N	D
O	W	C	O	H	S	O	C	A	O	A	E	R	A	C	I	D	E	M
F	O	I	C	T	C	R	F	S	L	S	K	U	E	M	H	X	N	X
L	N	Z	N	X	O	E	F	Z	Y	S	Q	S	D	Y	K	P	I	Z
K	S	O	I	F	V	D	F	R	M	I	E	K	W	H	F	W	T	A
O	Y	W	D	A	O	O	Z	R	E	S	X	C	A	X	Y	H	N	Y
C	D	G	E	A	B	M	D	O	E	T	E	F	U	N	B	S	O	V
G	G	J	X	X	D	T	E	G	Q	E	I	R	N	R	F	U	C	R
N	C	Z	I	J	D	T	N	R	M	D	D	R	U	N	I	W	N	N
H	M	Y	F	Y	U	X	P	A	C	L	R	O	E	T	X	T	I	L
Y	P	Q	S	N	O	I	T	A	C	I	D	E	M	M	N	A	Y	E
C	X	T	Y	A	C	H	C	P	E	V	A	U	K	Q	E	E	J	A
A	Q	C	P	Z	Q	T	K	T	L	I	E	L	T	I	N	N	D	G
M	Y	Z	F	A	N	W	O	D	G	N	I	W	O	L	S	Z	T	X
E	C	Y	L	J	S	A	V	I	N	G	S	H	A	J	H	B	A	U
T	Y	F	C	C	U	Y	J	R	F	P	W	Q	Z	H	W	Z	U	B

RETIREMENT
MEDICARE
MEMORYLOSS
MEDICATIONS
FREEDOM
SNOWBIRD
INFOMERCIAL
INCONTINENCE
BOREDOM
DENTURES
SLOWINGDOWN
SOCIALSECURITY
SAVINGS
PENSION
FIXEDINCOME
ASSISTEDLIVING

HOLIDAY RUSH

THE MORE YOU SPEND, THE MORE YOU CARE!

E	N	O	H	Q	W	X	K	M	T	E	G	P	R	G	G	X	S	Q
F	Z	K	O	T	S	I	L	H	S	I	W	G	W	D	F	E	H	J
I	R	C	M	G	N	M	Y	T	R	A	P	Y	A	D	I	L	O	H
F	T	C	O	M	K	N	B	T	Z	U	Y	E	I	S	R	E	P	L
Q	C	A	O	I	G	C	S	R	A	C	U	E	D	G	E	J	P	J
I	O	H	B	M	A	O	I	E	A	U	F	K	N	R	P	O	I	S
Y	A	F	R	C	M	D	F	N	E	W	N	I	W	M	L	I	N	G
K	L	O	U	I	E	E	D	P	T	T	D	S	K	X	A	T	G	O
C	E	P	S	V	S	Y	R	U	D	N	R	C	N	Z	C	E	F	N
Z	E	P	H	K	C	T	Q	C	E	T	I	D	F	B	E	W	R	G
G	S	Q	I	A	H	U	M	P	I	S	E	A	Q	A	A	Q	E	G
S	X	X	N	F	O	M	S	A	Q	A	Z	T	S	W	Z	Q	N	J
E	M	E	G	W	U	R	J	V	S	O	L	N	P	M	U	I	Z	S
K	L	W	A	E	E	M	R	Y	E	T	Y	I	U	S	K	W	Y	I
W	D	L	R	V	S	T	N	E	S	E	R	P	Z	C	O	X	F	E
E	L	F	O	N	A	S	H	E	L	F	K	E	O	E	G	K	Q	W
Q	P	H	U	Y	Z	C	D	K	W	L	L	T	E	Q	D	S	H	Z
Z	X	T	N	E	M	A	N	R	O	M	S	V	C	Y	T	U	T	U
R	E	Q	D	P	H	W	S	J	I	N	G	L	E	S	I	S	Y	S

COAL	JINGLES	PRESENTS	STOCKING
ORNAMENT	WISHLIST	CANDYCANE	SAINTNICK
FIREPLACE	ELFONASHELF	HOLIDAYPARTY	OVERSPENDING
CHRISTMASTREE	RUSHINGAROUND	SHOPPINGFRENZY	COMMERCIALIZED

LET IT SNOW!

I'M TOO OLD FOR THIS SHIT.

U	R	L	E	V	O	H	S	D	O	S	Z	F	R	O
O	E	K	K	G	Q	Q	I	J	A	C	U	O	Q	N
C	W	Z	C	N	X	E	N	C	V	H	W	I	M	S
G	O	E	C	I	V	L	C	W	E	S	I	L	I	R
E	L	S	J	D	L	I	H	H	Y	C	R	K	Z	B
K	B	L	E	D	D	S	E	I	O	F	U	H	K	U
E	W	E	V	E	S	S	S	T	A	J	Q	L	N	F
C	O	E	N	L	T	E	N	E	Y	O	B	D	T	H
O	N	T	G	S	Y	I	R	O	A	S	J	U	B	V
C	S	W	O	L	P	R	B	U	W	K	Q	E	P	E
P	W	Y	F	J	I	R	A	T	S	M	R	O	L	Y
O	I	U	V	C	J	U	F	V	S	O	A	F	A	V
D	R	A	Z	Z	I	L	B	I	E	O	L	N	H	L
E	P	U	N	Q	E	F	E	C	B	N	R	C	J	W
U	F	S	N	O	W	B	A	L	L	F	L	F	T	Z

ICE	PLOWS	SLICK	SLEET
SHOVEL	INCHES	SNOWMAN	FLURRIES
BLIZZARD	WHITEOUT	CLOSURES	SLEDDING
SNOWBALL	ACCIDENTS	FROSTBITE	SNOWBLOWER

NEW YEAR'S EVE

HOW DID I SURVIVE ANOTHER YEAR!?

K	T	X	V	M	M	J	Z	V	I	R	Q	R	G	Q	S	D	R
V	I	Q	F	X	B	S	Q	M	U	G	Q	E	F	C	C	A	J
L	M	U	Q	X	K	K	L	U	B	I	O	S	L	O	O	E	B
L	E	T	G	A	T	H	E	R	I	N	G	O	U	N	S	H	U
A	S	N	E	W	L	E	A	F	D	W	D	L	N	F	H	A	S
I	S	J	C	G	T	E	E	S	Z	I	Y	U	C	E	S	K	K
C	Q	C	H	D	L	D	F	D	O	T	U	T	H	T	V	O	L
E	U	G	A	D	L	O	E	H	T	H	T	I	W	T	U	O	T
P	A	U	M	T	F	C	N	S	M	T	V	O	K	I	X	L	B
S	R	Y	P	U	G	O	O	I	S	H	S	N	K	C	T	A	W
V	E	A	A	H	U	U	D	P	G	E	N	E	V	H	L	N	T
T	U	T	G	Q	E	N	Y	S	G	N	A	L	D	L	U	A	J
T	B	S	N	W	I	T	A	K	O	E	I	P	D	A	U	P	Y
S	A	A	E	G	V	D	Z	Q	N	W	Z	R	O	P	T	A	W
H	K	O	H	P	P	O	Y	J	X	Z	O	E	C	M	F	Q	G
S	P	T	U	A	C	W	R	V	N	P	V	Q	I	Q	Z	N	R
L	N	M	J	T	M	N	W	Z	Z	L	N	V	D	U	U	W	J
F	P	T	A	C	E	I	B	B	P	Y	K	Y	H	M	H	A	N

TOAST	RINGIN	NEWLEAF	BALLDROP
CONFETTI	MIDNIGHT	CHAMPAGNE	COUNTDOWN
GATHERING	LOOKAHEAD	TVSPECIAL	RESOLUTION
TIMESSQUARE	OUTWITHTHEOLD	INWITHTHENEW	AULDLANGSYNE

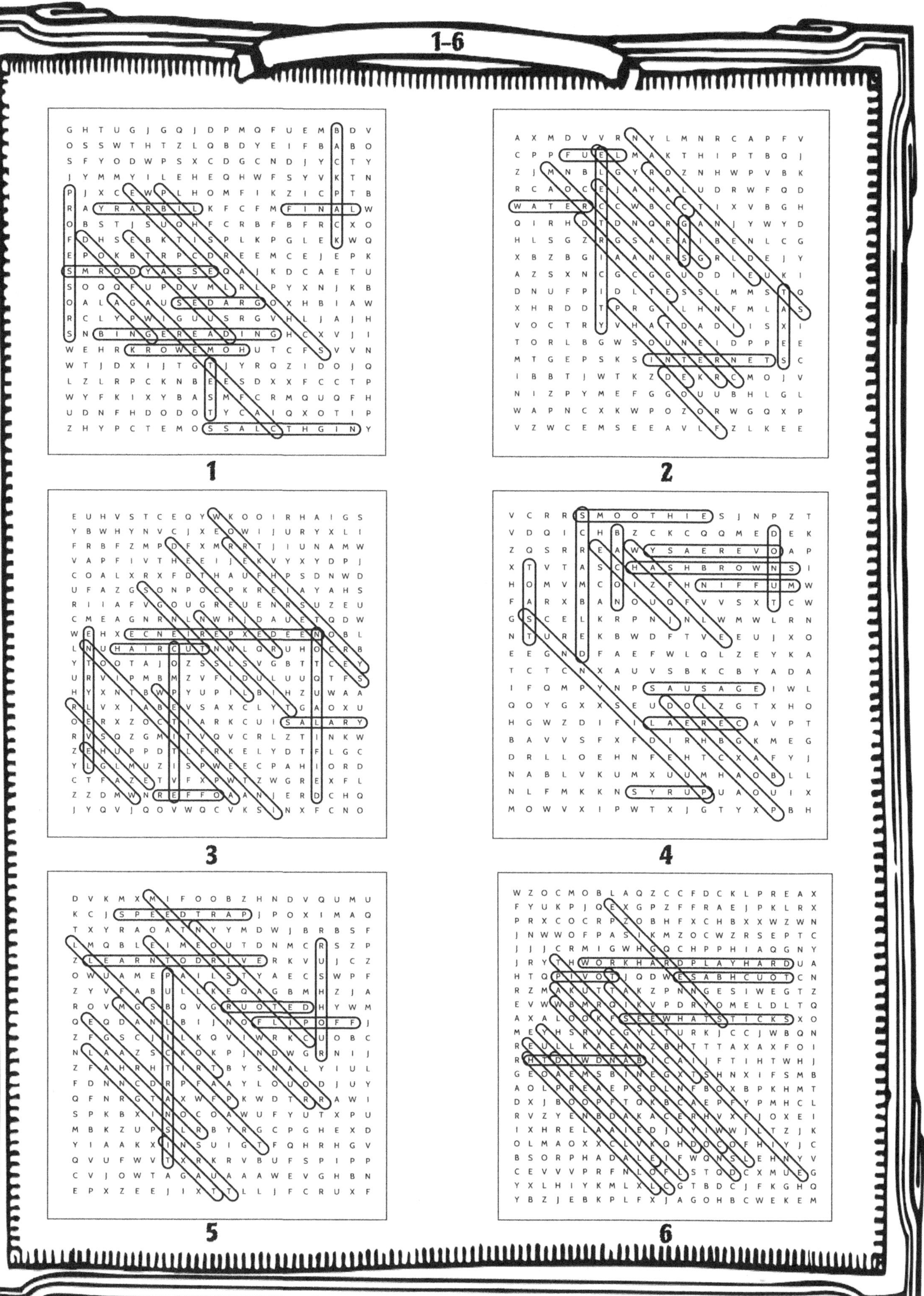
1-6
1
2
3
4
5
6

7–12

```
L O V X O H Y H T U B W J L C F D P M E
V F H D L K J E J Z O Y I P E O X N M U
D N C O N N E C T I O N X G V H N K O J
D G D T E Y E G E A C J G O J D K N J A
C N C A T F I S H E D M A W W V U W A G
E G A E T O P E L O T D P W B N M Y R J
T S O T Q I V Z U D S A N R K P I I A P
W H K I S B N Q P I U T D I A W H P S C
I K H N N T A G R N R C E D L T A V K L
K P I F I G H H S N I T R D N B A R S Y
E L E H N R S G C E M I K Y J O T T D Y
L B O N X E D T I R R U C F K T C L S C
L K R I O J N R E N U V M E S P K E L K
A P I H R E R Z O A E M I H I Q D B S Z
L B U S Q C H G V F D N U C V F Q S C N
O Y C D W T Q T T R T Y O D E H C T I D
N H R Y O I U I X H I E V O X Y V A V V
C X S W W O F X D M H B E A Q E J W J S
F T N B D N T G T O V F Q M Y E D D J D
E H L A F C F S D W R L X F X H S P K I
```

7

```
M A Z Z M Y S M T U L V H R F N N O K E N O
B B L J X K Q X I V L F N N J D C H Z C O A
N L F E D C B N V C C V U Z J S W S H B C C
D O V P H P E H O W R L B H D T N P U T V A
H O I P T C P S L I M O O G I U D G L Z P F
T J L T O K U H I Y T H M L I X F O Z O Q E
A F A T A W R M R A L O V A G T J U T Z H S
K S Q C J C G S O X R R M N N O X K K K A F
E D S Z D C A O U O Z Y A O O A E H F A F Q
S B E K P B G V K B T W T E R R G B S W F E
C T J S I H T L Y C R D F T E P O E R J L S
R Y U S A S N U L N U E I F I V D M R V Y R
E A G T W E S X M V E B D A N H A E Z X T T
D E T A G E L E D F A D E N P J S E I P U B
I S U R N Y O P R B N S Z H U F K I L N E F
T P G T S L N K R O E S T O T W I Z T C E U
A O H L Q P G F K E Y W S L D S O V S Q Q D
U J D A M H L X P Q V K M J C H S R Y M Y E
C R J T G D U Q T W K E C G T L Q A H I I X
L U L E R V N L P W C B N O J B I J P T N V
G U B J Z N C Q O G E U T D F E J V O E G F
A Y F Z V G H H C N R M N Z L Q L L K G E Z
```

8

```
F L L S X S W A I J K W W A P N L T J P
U A T P E A I K J J K M K N S O H G R J
T H K I G S P S A R C C R J E C I Q F U
T Q G O J C P H V V X M Z E J C O M H R
Y G Q A B D W B C Q F Q V C L S B F B S
X P A Y L N E W S O C K W H B V H I C E
M W M R R A U L R S U F P U N Y M I Q M
R H X P E A I R L Q S Y L P P J Z N Q E
O K Z Z Q P T C E E S U L I N J M M F F
J C Y N B B O N R R C E R I M C V A X S
L S E D O S I P E E G N I B Q C K W E N
R O A C E I T B A M M N A R Z Q U C V K
U F N M W M T R B O U M I C E D K W V I
K S I P A M O C O T S C O D R S Q E R U
R R X O I R R C A P Q U O C R V D A X C
H Z M L C K D W W T S N S D K O O T P N
Q J H C D O E P E B H L A H L N C H U C
G N V V H Y L A I C E P S N O S A E S Z
J Y T D G L Y S N A F A T P W I K R R I
H M A E R T S K B M L U X W F Y J O U G
```

9

```
A N H F V J F G S J U W Y K D J A
G T O Q C X V P N T V K K J W T J
H J C M H W T U I I A A B S G Z B
J Q V U G T K S E S H U O T O H I
S C S F N O B H T A Q C Q G X L Y
O D J E Z T N U A L P Z T S G N L
D G L A C I T P I L L E M E Y Y B
S E Y G N I T F I L X P W O R V K
H S Z C Y B Z L L I M D A E R T Y
L L E B B M U D N R S P I Y M Y S
R M E R I P S R E P I N D B W N H
G W Z P P S S S O L T H G I E W J
K X H Q U H H C N S T S X M Q D Q
M J H N H T C A R D I O Y V M S O
S S Y O G A I N S D H R J X R B Y
U X U O P G S S E D A E P D D D D
D Y D C B Z A L Q B T C C H C J S
```

10

```
D B Y N K C O C C E V N V W D N R G C
O U O E I R E G N I L L D J M Q W V W
U V E F Z U K T D K U T E M R Z C Q K
Y V V R W Y G L A E B R J U D J P I A
R C F Z K A Y N T D V Q R D J L P K P
S U N Z S F G C E U R I W O J L C G C
U E E W W B A A L W I E S X B F F H F
C T I I M X E S F I W Z N N D R L J Y
H H D R V A D D E W C H T N E T W C F
G Q E G R O T I P S H H M R I P L W D
L P Q E R E M G A Z O I E O H D X I A
T T R Z S O B E E M C R H Q D Y H E M
M S R F O Y C W C T O Y R K K O N G P
A H T E S B C B A N L N E T Y S W X D
T Z Y R S Q A A J R A U D N R F Q G P
F O B L A S U O R A T M C S I V M O S
N L S H H E E D K D E S O K P W C H Z
J M U C H Y H D U Z S V H R Y C P S C
J O T I I U M T D Z F K K X E B I A K
```

11

```
W E Q Q Y G C C S R U T G E C I X J
D E D S B A N G E U F H K L P A Q R
M A R X P U G H B R F C C R V H W U
A E X C U B M K X V R X U L C R O S
F A G E S B V P A U O X F B R E T W
M L X U D Z U Y I J R R N B N V G E
E T J E S C L Z F N G E L G H W E V
N X E S G O A O K C G P X G K B L O
P O S R B K R H O O K U P T X D F L
X R H U U N G I C J B N G W K G T E
P F A O I S T S N O I T A L E R G K
G B G C O U U D S A X N G H I K M A
S C A R S T T K T V L Q I C L E R M
H T G E T T I N G L A I D J I L S Z
E O T T N W O D G N I T T E G D A U
T A I N B O E Y Z V B G P P H W K L
M C T I J A B H C Z J W P E G P T X
T E Z L B H N V R F H P O E J H Z Q
```

12

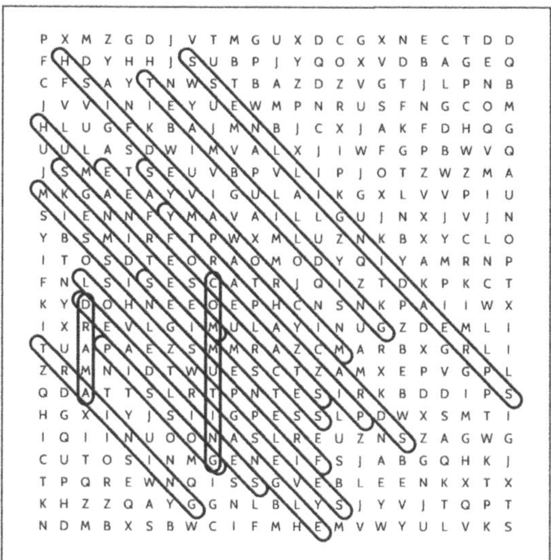

13

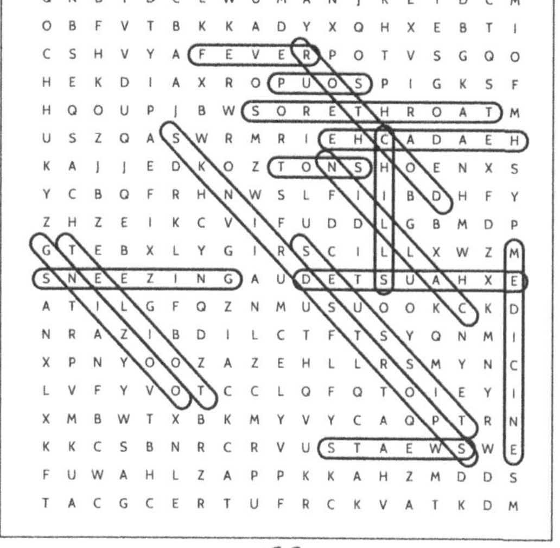

14

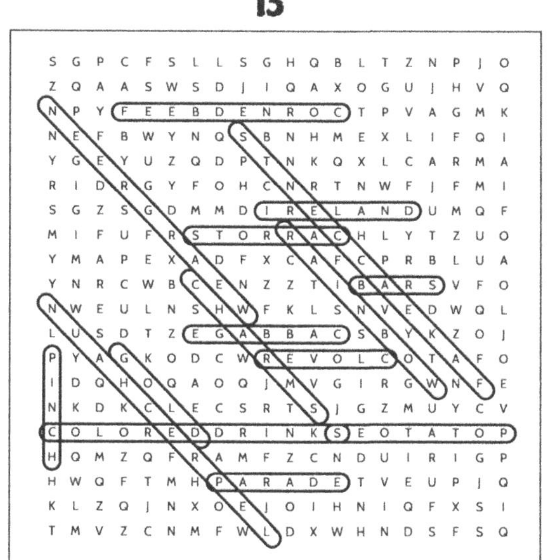

15

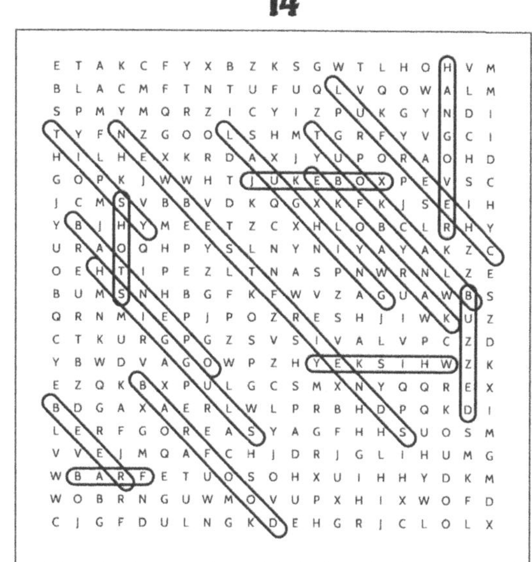

16

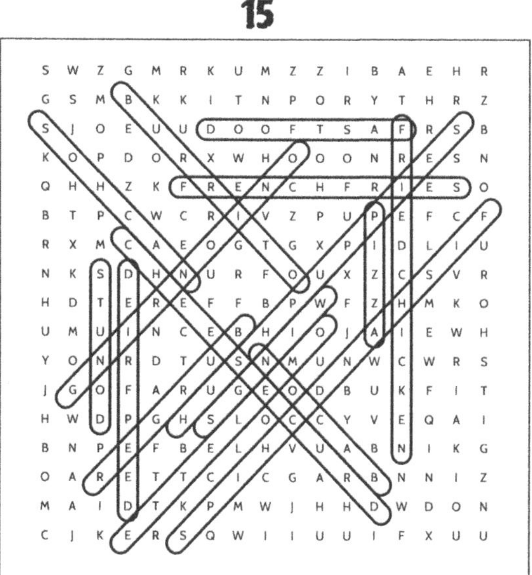

17

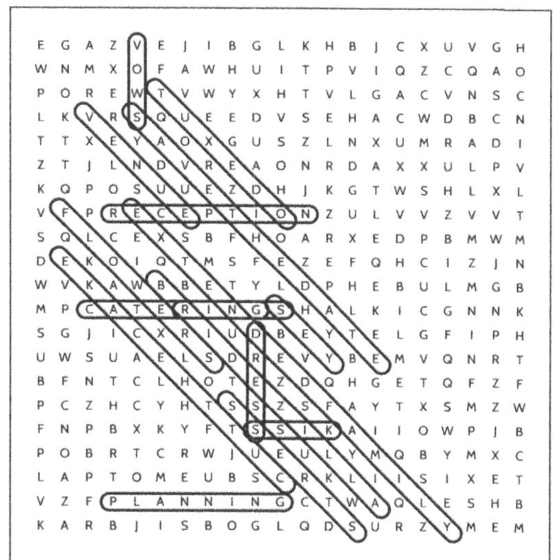

18

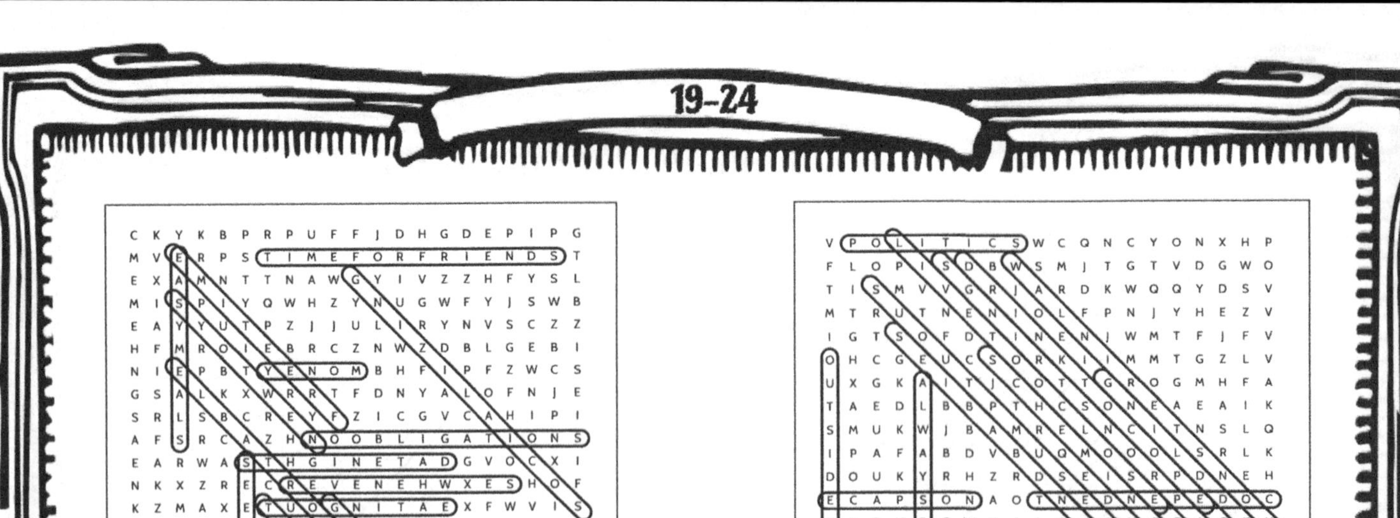

19

20

21

22

23

24

25-30

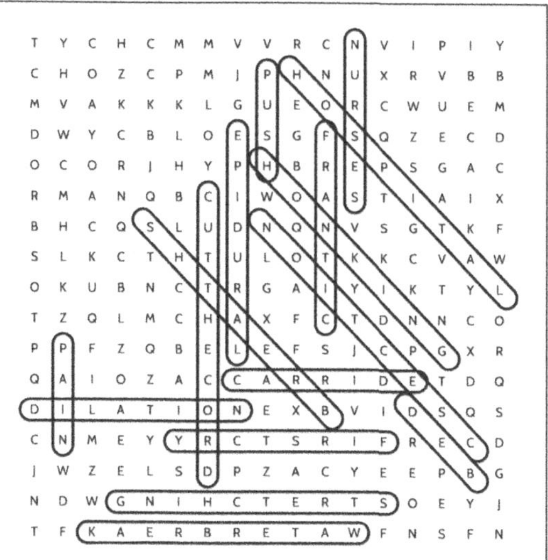

25

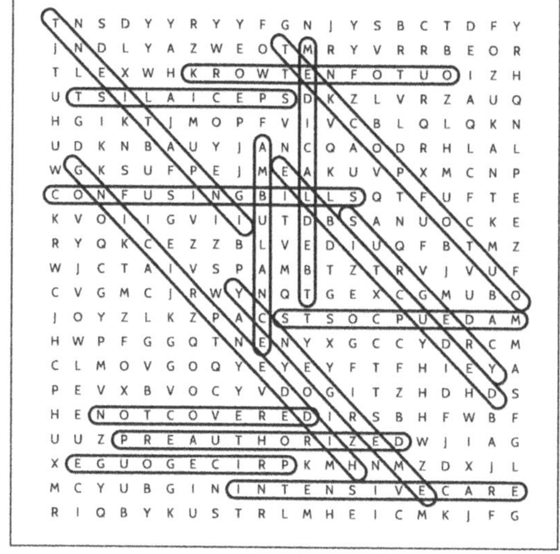

26

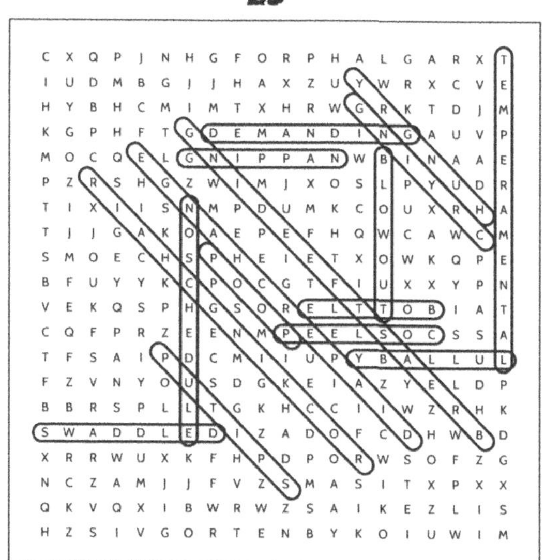

27

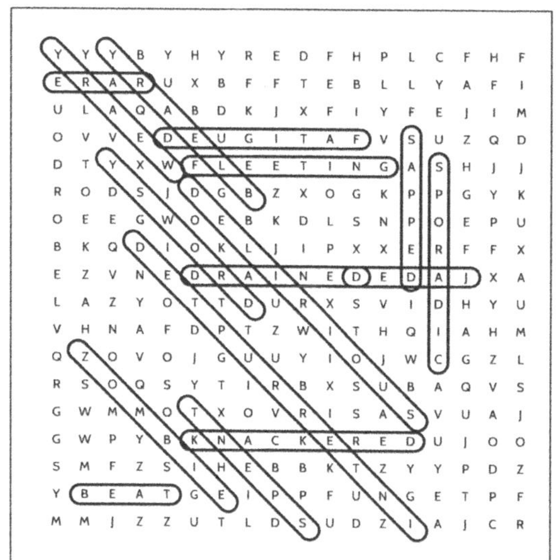

28

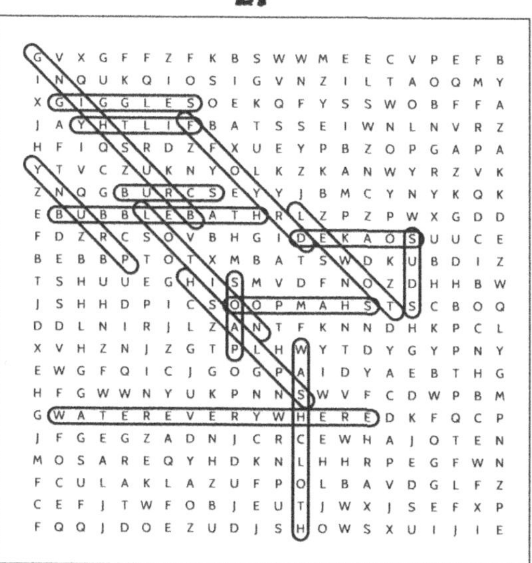

29

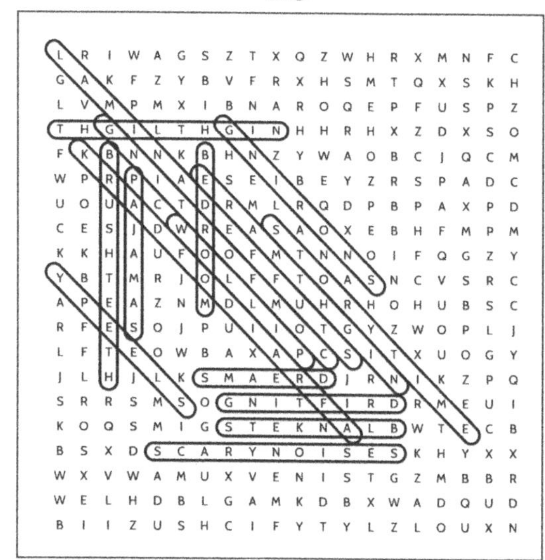

30

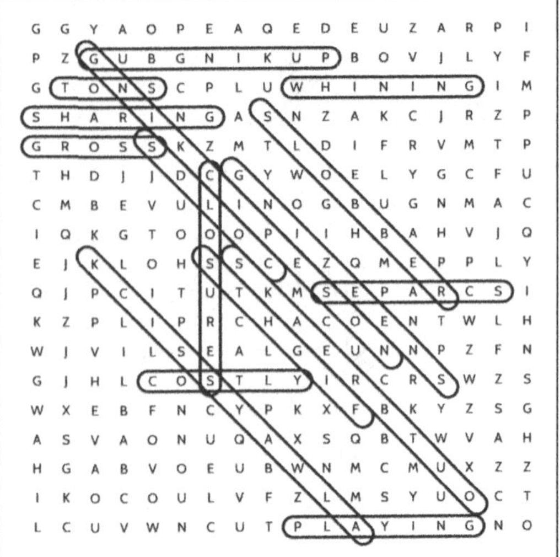

31

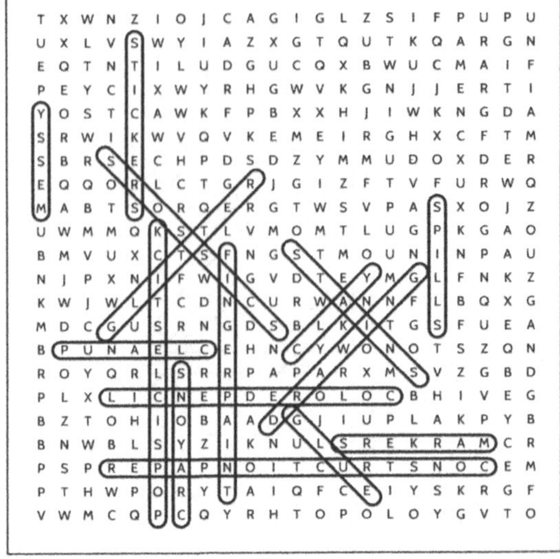

32

Z K F J P O U N U Q Z I K V K Y O N
M V O R A A S S T Y R K U N S F N E
C C A N N J E S V C E G O O W A L P
A I P L I K Z T E L I N T U O G N J
E E F F O C N T S R O D V A T O Q W
G G T I V C C I I A P T D W W B E L
D S Y A R N W U R G O S N A E B P P
D I B R M U I E P D U R E T V R S G
S K A U E Y N F A P Y K H E T A B X
T D P T B T J R W H A G T A D Z J X
V B V A S S T U L X Q C R G H B Z G
A N T W L I X I N T M S T E E P G F
R F E U A P R P J W G N W P N S E F
Q U D Y D S A A L A Z Y Q C S E A G
U T E A X T N T B Z J N J E H A M E
C Q A A J Y R L I C G S X G N S P C
D S D X K C Q X B O Y Q Y R X L K V
H A U C T C S O Y K N B Q Q N R G G

33

U X J A D A H K Q L H Y Q U F E B
S N T R D N I H E R U T A M M I Y
L Y R C H I L D L E S S K R Z A B
T A A E S W J Y D U S A G J F T L
Y W P D S L K C H A N G E D D N P
S A A M Y P I O S J E A L O U S C
U D N Q E R O T U O G N I L L A F
B E W R N S O N A C B W B R M Z E
O V O K E Z A L S C J O Y J X L Q
O O R U W O C W G I J D X Z B F Z
T M G C C P G N M S V D E A Y H S
D A N T I S O C I A L E I Y O L C
J W G M R Z B P A I G L A T S O N
C G E V C S I K K Q E T W L O N Y
R X N F L L P C H R P T B L O M C
U X B K E O Z N N Q Y E K A L F Q
C B U A S W A U F R P S E S I R R

34

T C I A M Y H W C X M C Q F G X D I W V O
Y X M V M L K O I N M X W H Q A J Z X W Y
P E P C D G C H N M O Y U Z K T M E C X N
W L N E V A E H H F L O Y G S N P B W L Y
F W L L E H C A E R P G G L R V A L B E M
V E V S X L Y R E H D O T A Z N C X Y L O
B F R R L B S L I V E D V H E G F Q B K L
S E S A R E Y A R P N S Z U O O J C I Y B
A I J W J G B Z G S O J E A Z S J M P W X
T I V G H B T W V N M N F R E Z E P Y I R
S E M A G E H T G N I S S I M I H A Q K W
F H H I R A U U K L N L P V U O T A W C G
X H Y P I T U N V T A S L P W M N J O E O
V S S X O T Q R I C T D K A H Z W N H R Q
W K L R F R A L E A I Y E O F T C V N K S
C J Z G Y K P X J N O C O M P U L S O R Y
I H P X Q U C L E G N A D Y O D S I K H I
A A S V P E F R I H C I U Z P N I L U I G
F B F J P L D Q J W M H S H I T F D T G Q
L T Z O A R R D R U Q T K R H O O J E M U
P D D D O T L O J U T P G G S Q I U O O M

35

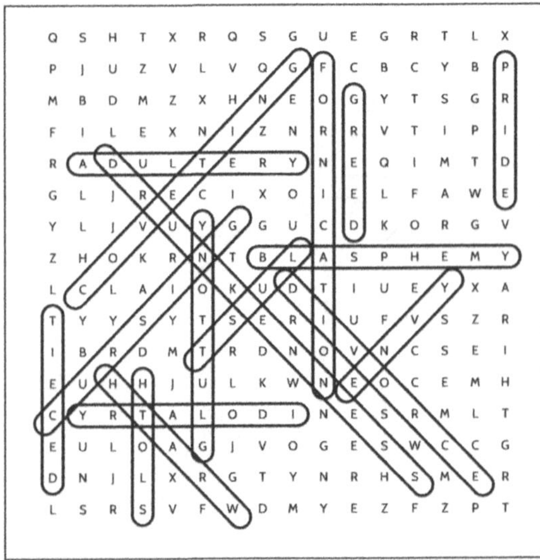

36

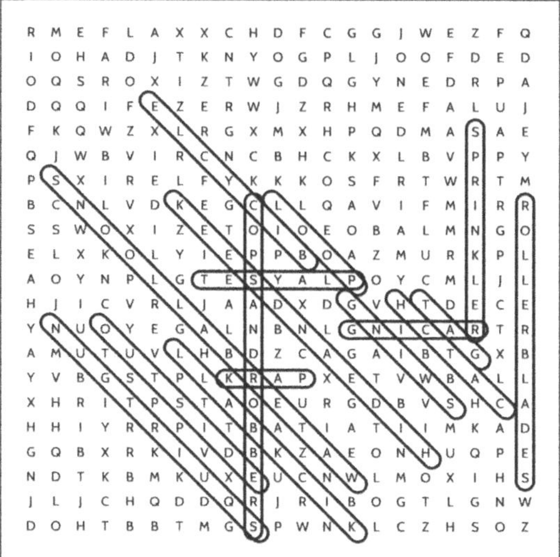

37

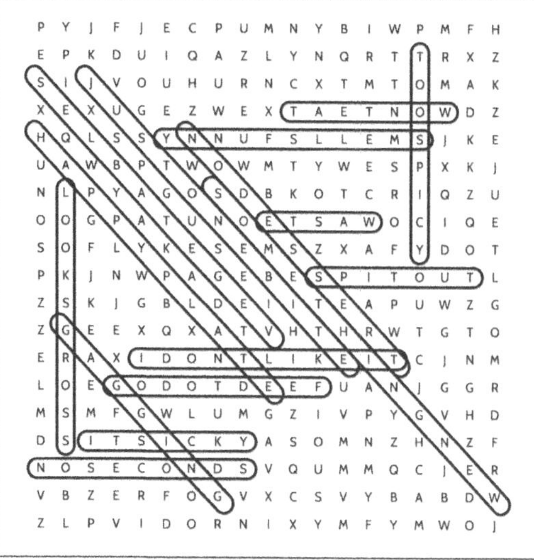

38

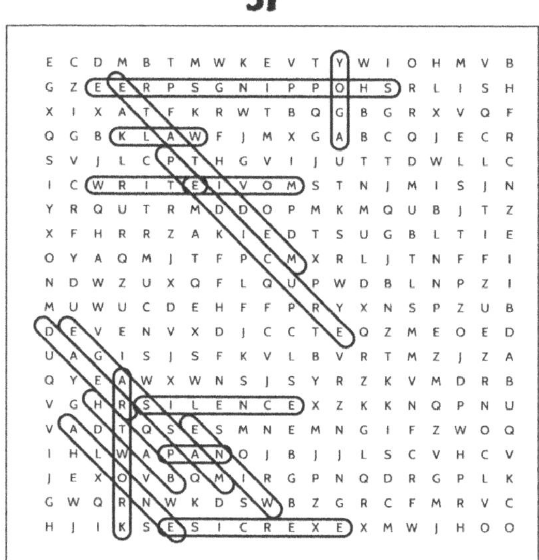

39

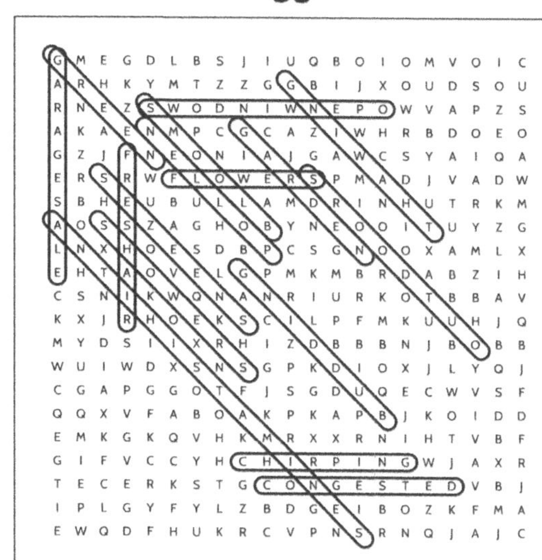

40

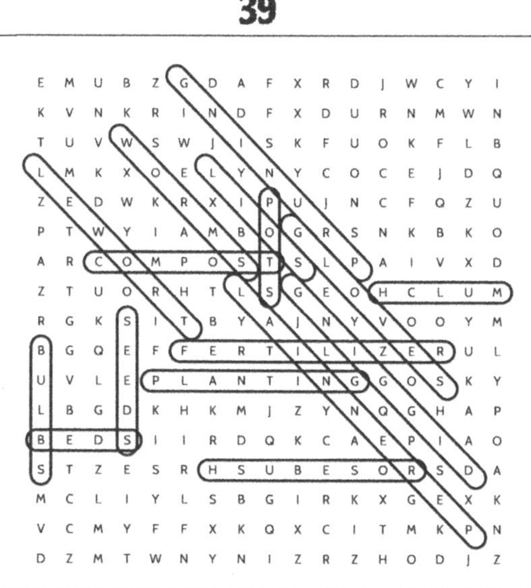

41

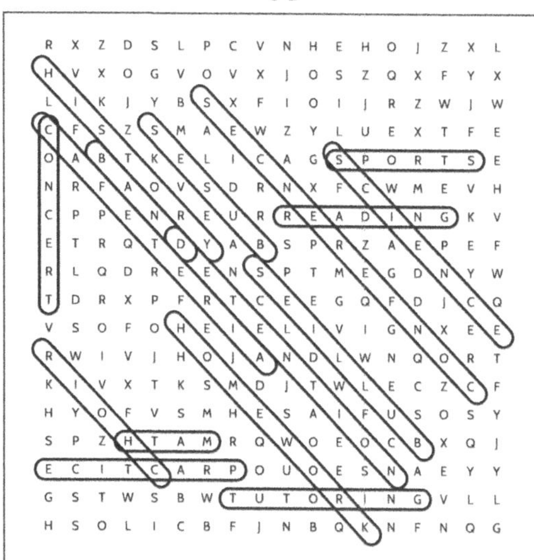

42

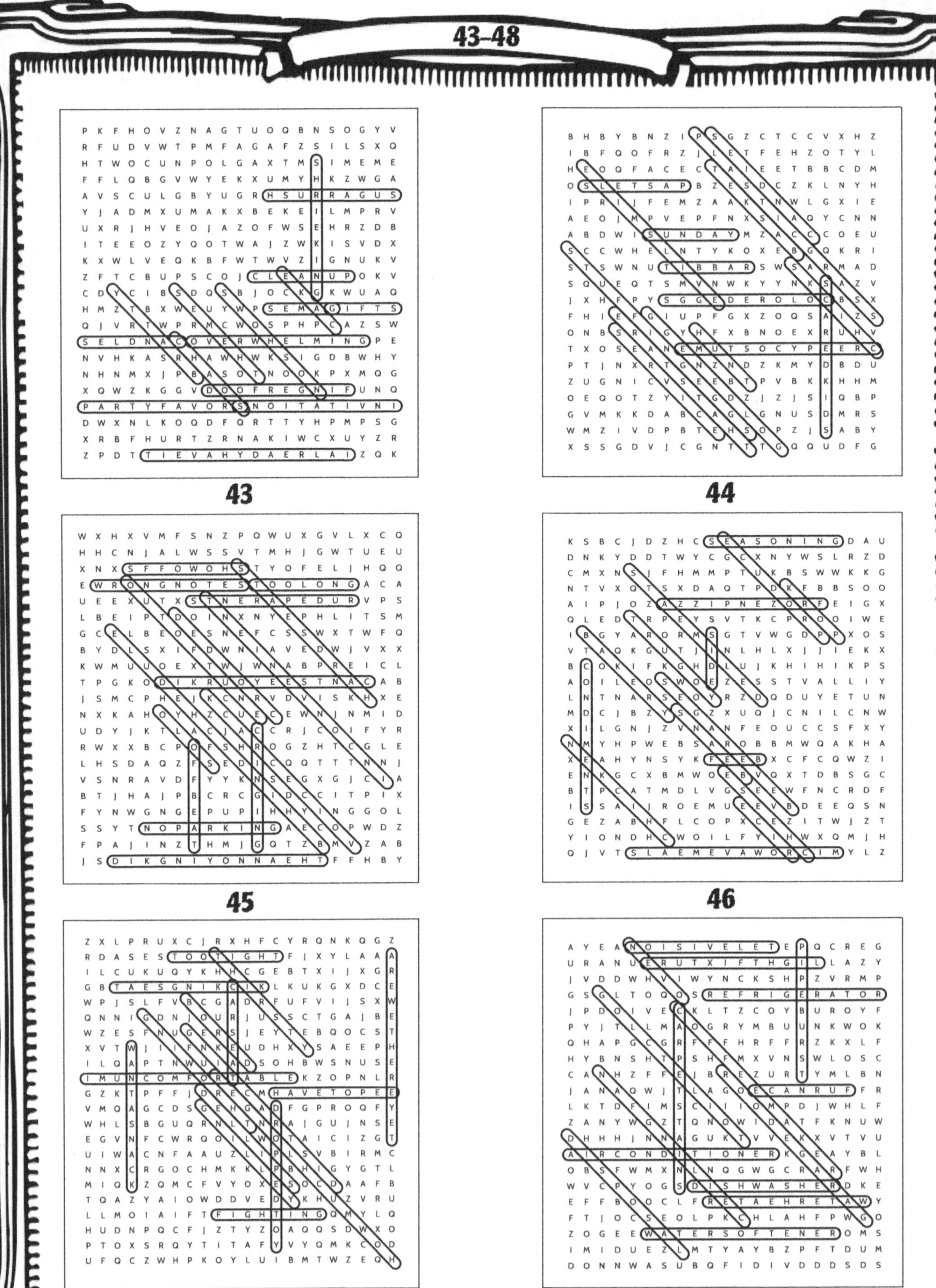
43-48
43
44
45
46
47
48

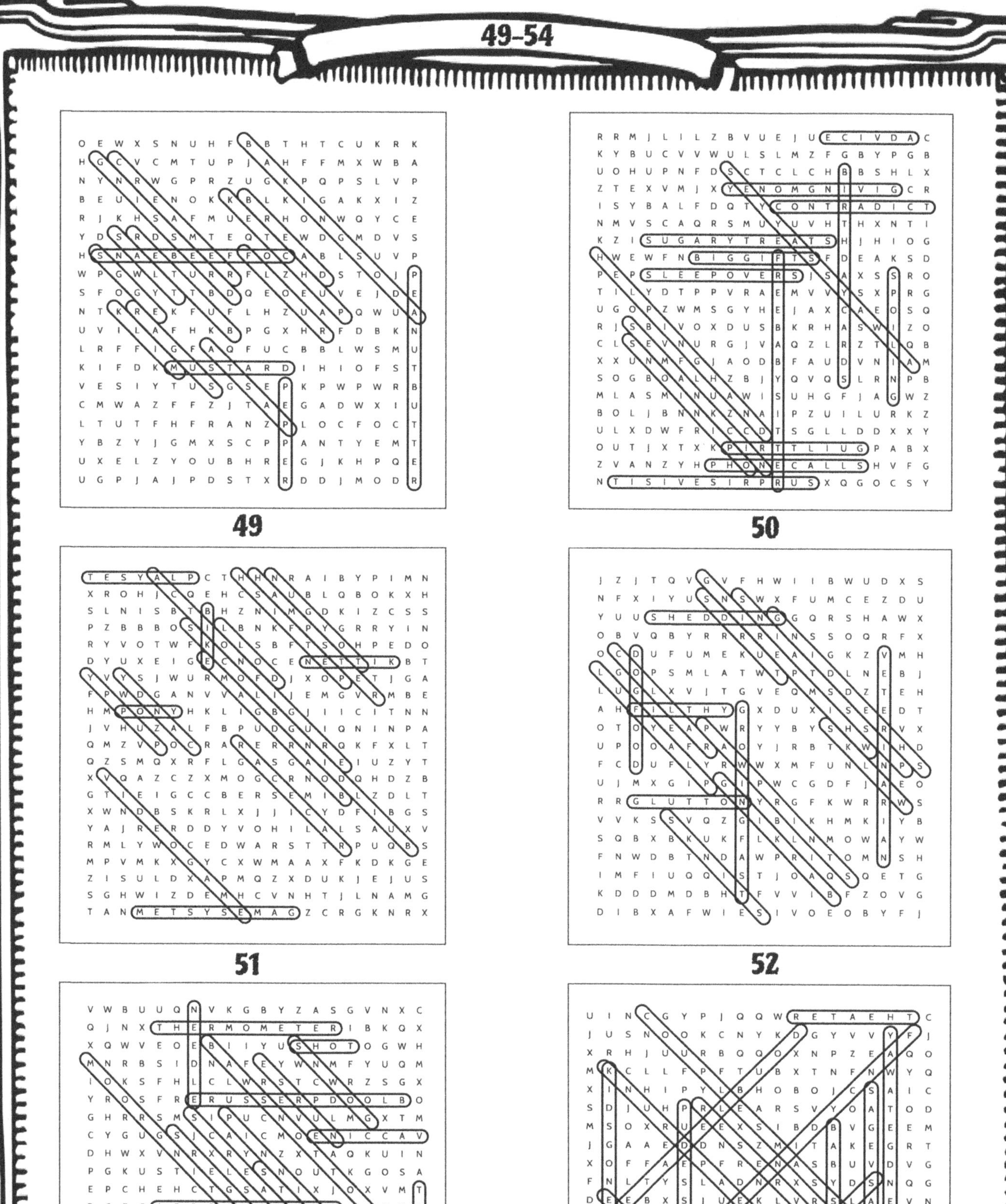
49–54
49
50
51
52
53
54

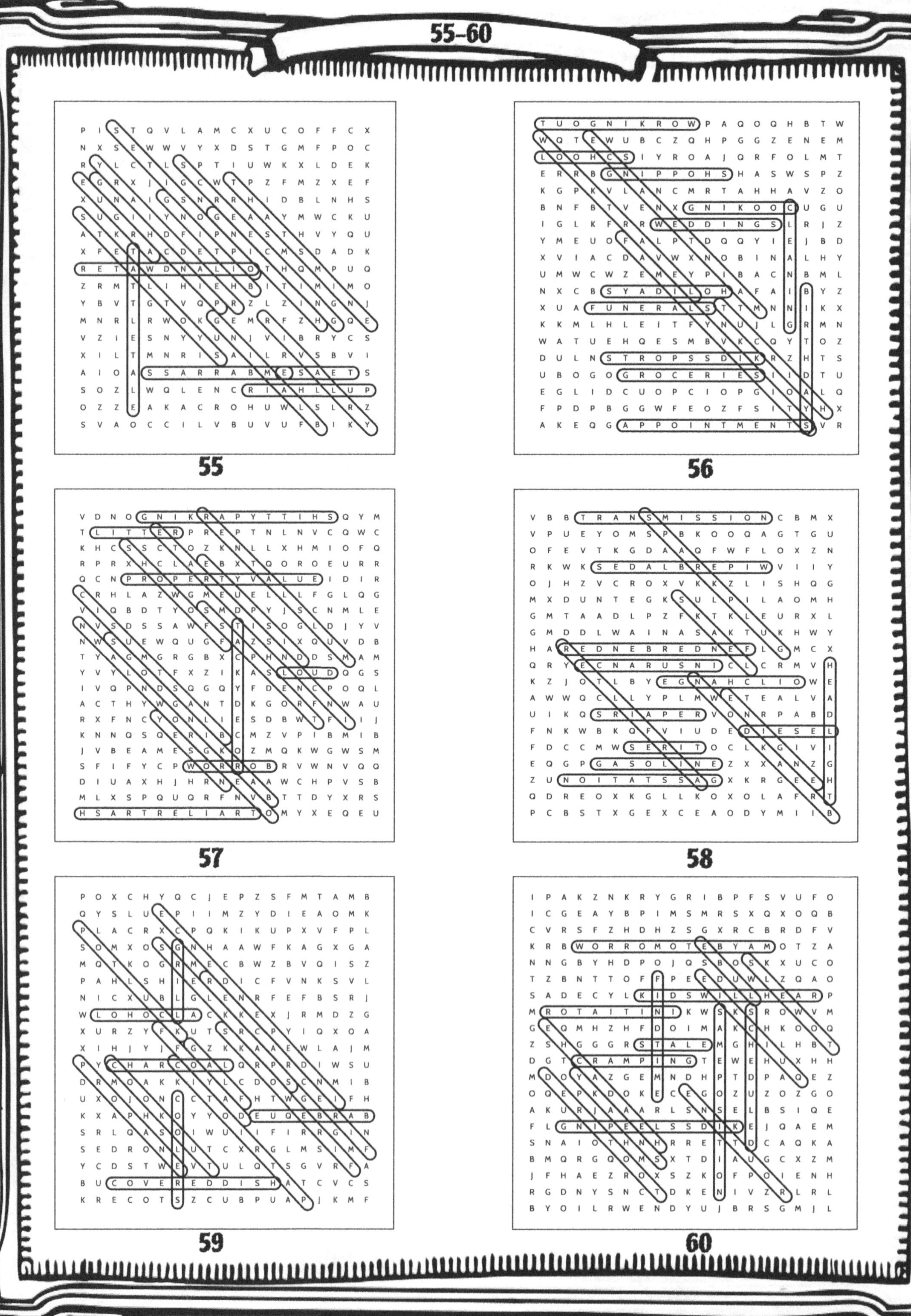
55-60
55
56
57
58
59
60

61–66

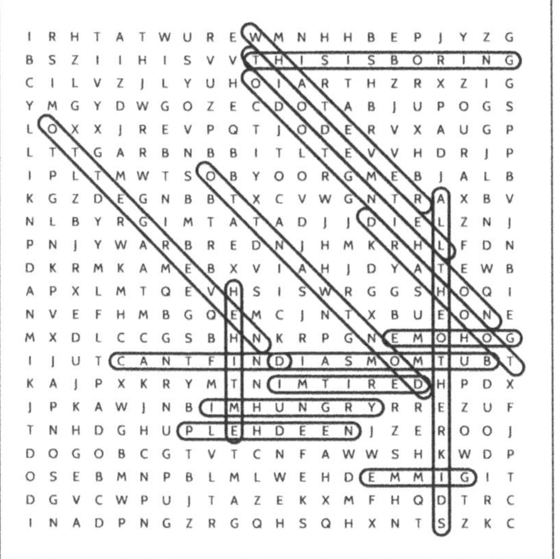

61

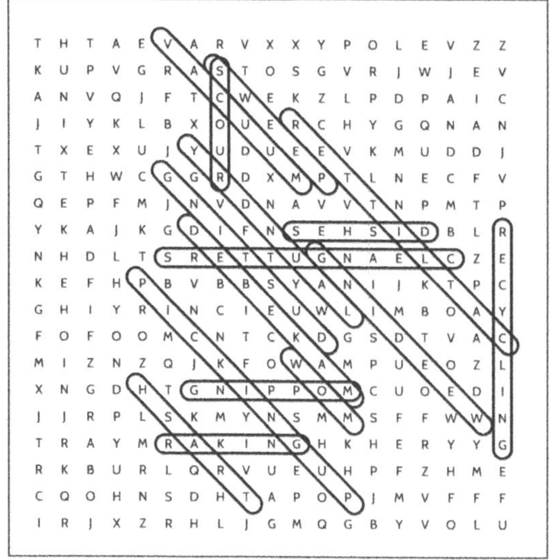

62

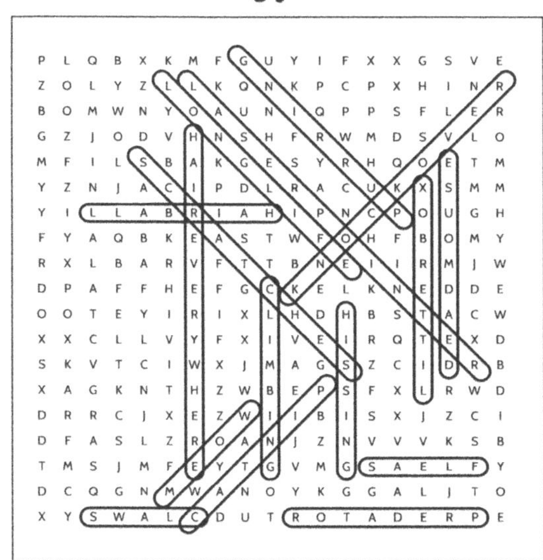

63

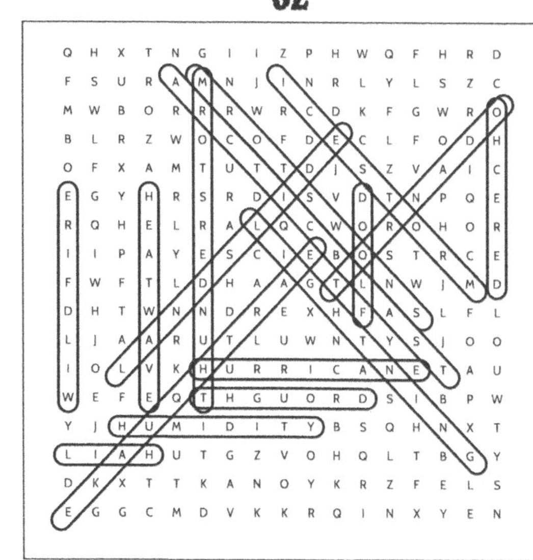

64

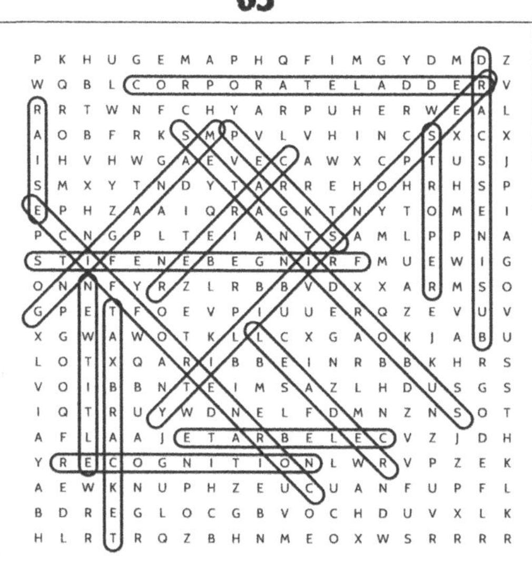

65

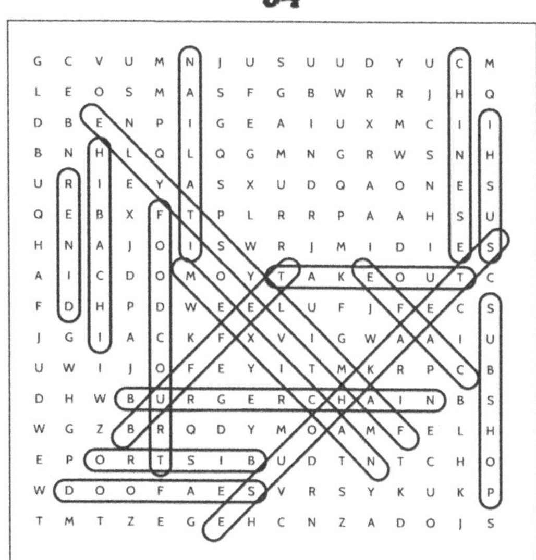

66

M J C E G N I D E E L B A P J T
A O Z Q L Q D N A Z W G Q N N M
S Y Q H X T Y C L E A N I N G S
M Y G H G S A K H M D O O E I N
A E N F F I L L I N G I A M C P
L V I G N L D A U L T T V I B E
L Q L C L B O M N C F C R Y W P
T O L T T N B S A A A U J H P S
A Q I A P S W R S O C S I S B H
L B R I G H T L I G H T T N H X
K Y D Q Q X F U O S E N O B D T
W Q B J E D H O H N M T R O C Q
L C O A V I E D I R O U L F R V
O X Q C P T Z N C X U L G N O L
P F N Z U D G Q L Z F J E E W A
D V P Y T I V A C N F H G W N R

67

T C Y E N O D L O C A B A R G Q V T M M W H Z
T S M S N K O Z P E T Y U K G C C N K S O B R
A T H U W S O F G Q L E J X W P J V E Y V U Z
N U P X X G U N X P X T R S F W O L V C M I J
F O X D E A D G I V E A W A Y H O N X R V X Z
W G S G H S U Y S V J L P W R H J D I C R E Z
H N P R N Q M C I O Z C X T T L M A D K D C Z
R I T V E I A O Y N S W F O U Z F N E V J A T
K K P C A P K K K A G R L Y L F X O T M L L X
J C K I J R G A H I S P J Y A P J I I D B P A
F E W F K A Z N T Z N J R E R J K T R Z Q R W
C H N F O Y C N I R E G V O B M I A I O W I X
N C L O U F V K Q N E A B T F K I N P N E E T
E G Z G K O X U N C R D V O U E R I S Y V H A
J J J N N R Z J M G M U N Y D L S T G H S T M
G X M I E G Y X J L E J O U R Y M S N P I D B
E B E G H O T G I D I R L M G P M E I I B E V
C C M G C O U O V U O R R E A I F D T O I N S
J Q B O J D N E D A E D N B U T B L T X N R D
R D F L X W P E O B I Z W W O G O A E J F U A
T P B W L I Y T L A C U J C T L S N G W B T G
S U E Y I L D N E E S E B O T S N I A M E R P
R P N S H L X C S X K Q R S C U D F Z N I T B

68

S D W S L O N G D A Y S T N I W G T D K
H G C O P B P X Y Z S B N N J H I C D S
A E J O I O L X B L W Y X O A H C T M S
D D A I R C O N D I T I O N I N G Z Z D
E W C T O B N O S C H O O L N T N B Z H
M O G W S E P M Y E H M U Z M J A P B C
V N L N M T J D S E L X R O A S D C Y K
C G N I H C R O C S N C T U H D C Y A M
C W L R U E Y O T Q Z Y I P W O Q U J V
V X Q M N K I U K S I Y C S R B B N U N
R G Q C P G O P N E L X K W P Q D S E E
Q Y H B D N P W B B W L M S X O W X K P
N E J B W I U T A Z A B I O U I P O Q J
D T F O W L B R S F B E J B M M B B Y I
I V R T A L M H E A G U P M R T L R V E
O B H S H I H W B P Z F I L Z E I Q X S
L Z K U X R T U A Y N N A B L G T B A I
E C V U G G H P L Z G G N I W O M A V B
L V M I Q Q T O L E M F W V R X W A W V
B K C D V H T K W J K M N Z L S A L Q P

69

A S S E S S M E N T J E O V Y G Y P K E
S J B W E D P G W Z D K B W U A H O J B
E Q O R N T H E F T O R G K C C K V K R
I E V S O I V A E K W P L F H K A L I H
T X I Z G K X G Y D Q G G B V V E T O P
I T B Y L M E D P S I C P V N C L J D M
V E R W R Y Y N A L C N B V L D R H K S
A N E S C A A P A Z O E G T O F E A U E
C D A W W B T H I P M S A T S L T W U C
M E K V E K S O H R P V T U I E A G S A
V D D V E S L S X Y U L R P G C W H U R
F I O X D W A J X B T G I A H H K N C B
L L W J E R T U D Y E C M A O O R E B D
I L N L C P I K T R R A W U N K N U T B
H N S M N G P G Y H D D G A C C I E Y Y
L E J N Q B S Z P M E I G U R M E G L T
U S M U K B O N R F A L X X C E P O I B
L S S F R C H O V N D I Z G V F O E M Q
A C G O B Y T G L P J N L Y Z E I D C N
P L H P T S Q B M Y Y J Q I S I Y L G R

70

P Z T D J M G X I O M Q L I H N M S P Z
Z R E P O W E R W A S H I J S E F G G F
A Q M A E K Q A M X P G X B I V A X F R
R W A K R J R I E U Z J Z S P U A Q E P
L U B P H X K S N K T S M P W G B H S L
Y M M R P Q Q E G E Y Z P A G X O H C Y
J Z O J S L C D S P S T L L I H W Y V Z
P A I N T I I G J Z Y L A I U W L D B W
N K L V J Z N A Y O P Z Y G I M M Z G Y
Y N C P T I P R N A J R H H S Z B J O N
Y Y H V W P O D P C O L O T O I Z I S V
J Y A S O G Q E E E E S U I U G D J N E
H T N E Q F R N W R B R S N T M D J C G
M S G I A E K L Z G I Y E G N E W A V H
K G E S N N D C W G W C F P L P Y K X O
X J Y V D C M L L A N D S C A P I N G V
M W S E L E C T R I C A L T R I T I Y P
P U C K H E Y T U O A X I I I K R U S F
C K O T A X H F M P U O E K C P L C B U
S A M A K M D S D P V X D O M A Y R M B

71

N A D B O T A A T H P H I I E P Q E S J
H T Y R P U Z J R C U R O I W Y E Y X G
S S X A L F S G W K A I I O H H X G E E
E S D I U A E L M N L R M P Z B R S L J
E W J N D L Y T E L B A T O U A Y W C L
Y D R D E P A H S F O T U O P D A O U H
E R D R D R C N S M E B M H O I F H F D
S X C A N J T B S V C L I D A N T S Z W
T Y J I T I H S Q O X C Y Y Q F S S T G
R W K N O A I Y U M C W H D G L D D J Y
A E G Y T H P Y G O D I Y B C U E I J F
I B N N R Y Z L N Y R C A G C E T K A U
N L G M I C U T A N C E T L B N C N Y Y
L M W A E T E H X N K L G R M C I W V B
S R O O D N I S Y A W L A N X E D R D I
A B B V T E O O A N S P S C A U D K S S
A Z F N I W J F L M M H A N G D A I S C
S C L I T E K F X P B O O S C L X H A O
I V W J R O S L S Y X N H K A S J M D A
E O G U G S M Y G S J E W Y V C K C Y K

72

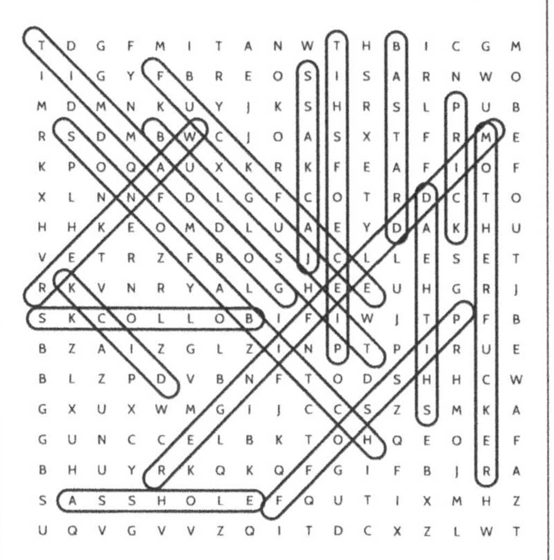

73

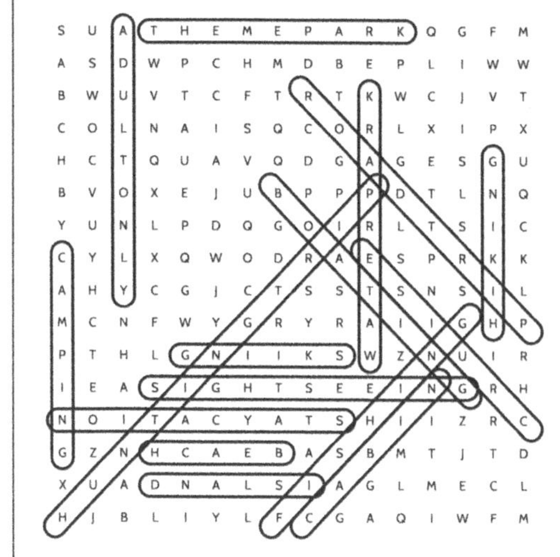

74

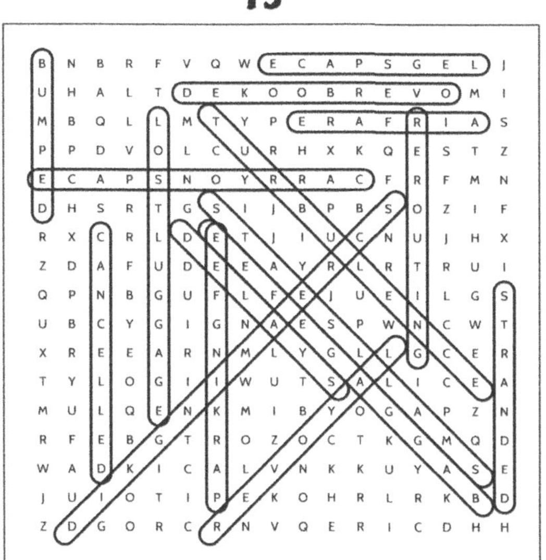

75

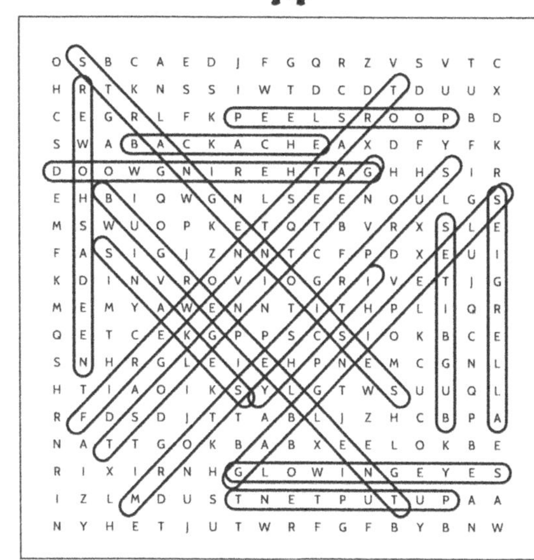

76

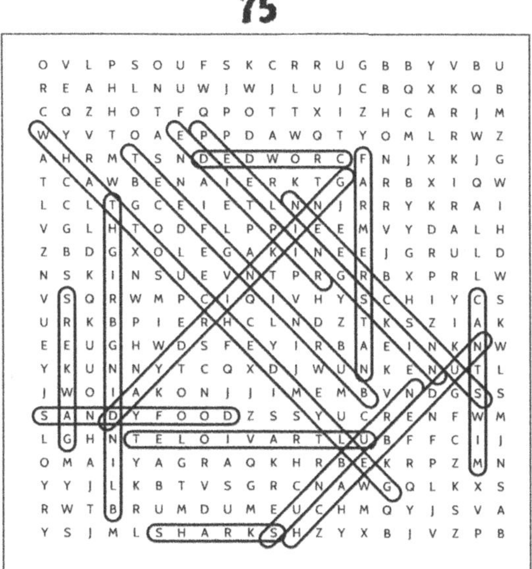

77

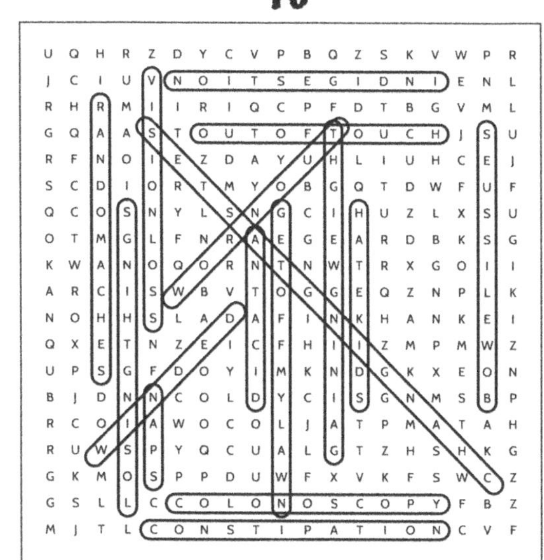

78

79-84

```
S D C N J Q D R K R V P Z X R G Y T G
N G R T Z A D K G S B K C E D G W S N
S K N I R D G N I K A E N S W T E X I
N D T I V D R E B E L L I O U S F P T
P F H F C E P U X M L V L X Y L R B U
A W L A U R R U Q V E O U W W T U M O
B U R Q J T E S B N M L J Z D D C I H
I P S Q B A M I L E Y E Z K B W K Z S
P P T G I L X E P I R N V A U O A X Q
A W N B N K E F N I C T N Q C E E F M
S T E A L I N G M O N E Y P B I R Q S
Q C M T B N C L E S H K N B S S B G L
D C U Y S G H N K E N H Z S L M T S U
B V G D E B E G A I L Y L A E E O V A
G F R L K A T T I T U D E Z R P C R N
Z B A Z N C R Z R R S H F P U G D N P
L Q L Q J K T W L A R I O E T U Y T A
W M O M C G M F N P V R D J U N I X A
F G K T L M O Q R P J S N H B V E O J
```

79

```
U W O Q Y A Q A Y U N J X B K X X C
K B Y C A P P I N I S S U B B O V E
W T N E R E F F I D S T I H T E B I
N M K X U A I G Y C F N W V I J V L
N B Y C Q S Y M F V I H T G D D C M
B E V I R F E C W Q Z R C O Q Q B K
U T R S X I L A R V K V L J T S C Y
N J Y A H Y N X J A F O C G B E D Q
B J X B K B D G E C Y F R X P N S N
T R B W H K Q K E T S Q L O A P J T
U Z M Y J Q W C J R R K V D A T F A
D E Z A I V G P U K V A V L E U P O
O C S F F N Q R O U A G S V G B M G
G G D K L K A Z B O L J N T P Y X P
X M H D J R Z O B A L X S M Y P Z P
P A X G B I R L D T E G W L H W R F
N N F X R E M O O B H Y A O G J J W
G G V Y D X X Y M R O W V E T Y P F
```

80

```
C U J Z E E B X D N L X X T W F B B
T I G H T C L O T H E S N D G F K E
Y F P H D W Y G A P V O Y H O K L J
R S W E E T S Z D J U N K F O O D L
F T L I T R F G I J P C E M R F X A
B D G A A W A I S T L I N E A R G Q
D H R E R Z H R G I O V T T F V V Y
T N Y U U G Z R Y Q I S I A U S B F
Q D T V T U E K E V E S U B Y N M E
C O G I A A G P H L Q J K O K K S I
U O P I S E W I O V D K A L H Q R G
T F I E R D H H W R G L P I Y G Y M
I D G W E T C V G Z T C Q S M K A D
I E K H Z N H B L H A I Z M A I L P
M I Z Y P I T A Q K C Q O A B C M L
B R N U W W L P C I E D A N O E B E
W F E L B Z B Q O W L R V I S E R Z
Y W P U W O T X C A L O R I E S U J
```

81

```
G F W L I U K L I H Y H Z Z N X R
R J C J A E R A T I O N N H F T X
A C B B L H Q N D R L R I K B N C
K F S T N E M D N E M A Y C L Y N
E O M G D R T S T O P S E R A B M
L G B C N B W C J O D G B A U N O
E S M W T I O A N O F R A B R Y L
A Y B G X C P P T S V V C G O T E
V G L N F I Q I O E J E I R P A V
E Y Q W S D U N R O R K R A P C K
S E A D A E T G W T C I S S A J M
I K E A W R F A N N S S N S E M X
F E R T I L I Z E R U N P G G E T
W V T M K G K E U B E U W O G A D
I T M U T R K Q E Q X W C A O C O
W E I T X V S M E C F D O T L P N
R N U D J C A I S S O N F M G M M
```

82

```
O S X R Y P S D L E K V J S E J M F V P S
E S X G U N D A A Y N N W D D Q E Q L H I
N Z J S W E P K X K N O I S I L L O C T Q
I C O Z M C L A K F D I L P S C E M T X N
G Q J V L G A W K Q O T C A H U F X F B D
Z L M U N W N R H R M C L O Z I O P G L K
S S T R O K E I G E J A K X N W O I U Q Z
V S H V P C C N N A A E Z E Q G R L T F J
M C K Y N T R A U O M R M Z N B F L T N H
T S K A E G A O G W S G T I B F F X A Z Z
N O C C U S S N B R Y I G A C Z O F V Z Z
N Y H M M M H Y Y H R G O H T P L B M H X
U Z X S O P B L E Q U R P P P T L N S N Q
E W X P N R U M S M E E L Z D I A I N R F
D R O P I U D U G P N L D I J O F C A X L
X Q K F A C G H N W A L N H G O O Y K Q S
B Z N W Q R Q T O X N A B Z L R V F E S C
Y J Y C V M X R B S I Y R Z A M B D B L H
G M A X N O D R I A A E U H S Z F I I F M
E X B R P M H G V A R N L L S F F X T S P
I Z Y Z D S G R A V B R M Y H Q O M E G I
```

83

```
M E S T R O G E N X Q S X Z L D P
F G A N K N M E N O P A U S E Q F
K O G E I M Y H K R J Q C P J G X
X S G I R G G N I Y A R G I K A J
K T I N H I H S X D O A V D H W B
I E N K O O A T P W R G Q E U S B
Y O G D L L T H S T I U E R U L Y
G P S X R U O F G W Y O Y V M C N
J O T R F Y E W L N E C M E A O L
Z R O E G E N E L A I A R I T O B
X O P H T E J E Z I S N T N O Q G
W S O R G D Y S U B H N S S H H B
T I N Q E Q P X C S K I E I B Q H
H S U B W R I N K L E S D G H L N
H J S X I N B B Z F K G G O G T J
C G O E U Y K Z F I I B N X M Q Q
H H R Q B G U K N B N T Q A A Q G
```

84

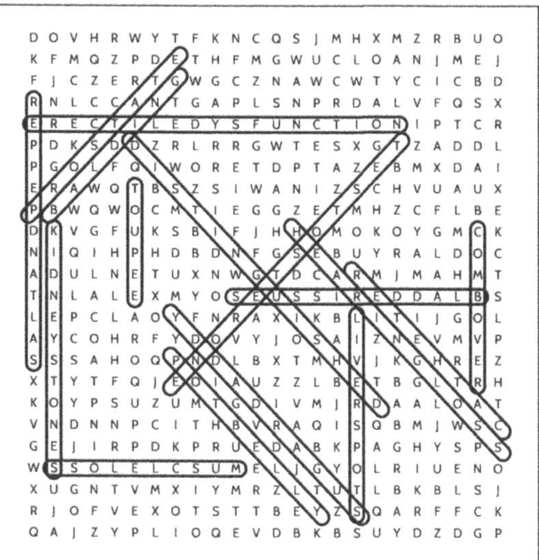

85

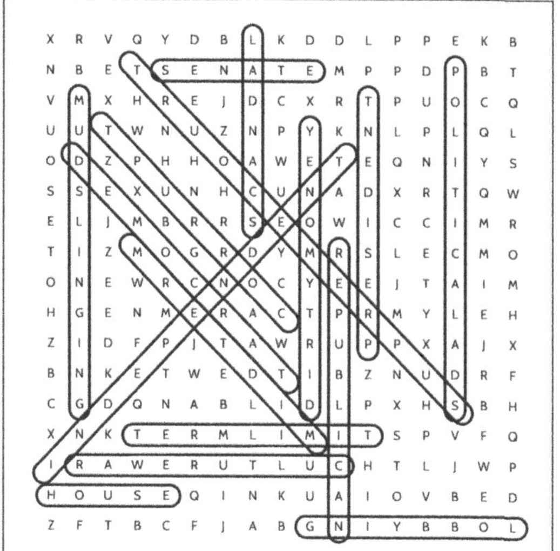

86

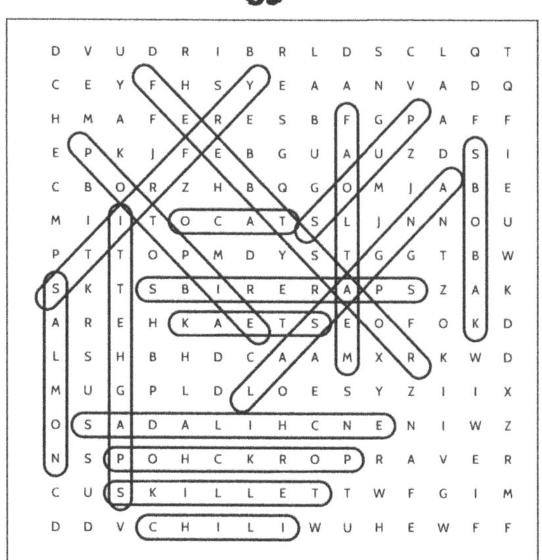

87

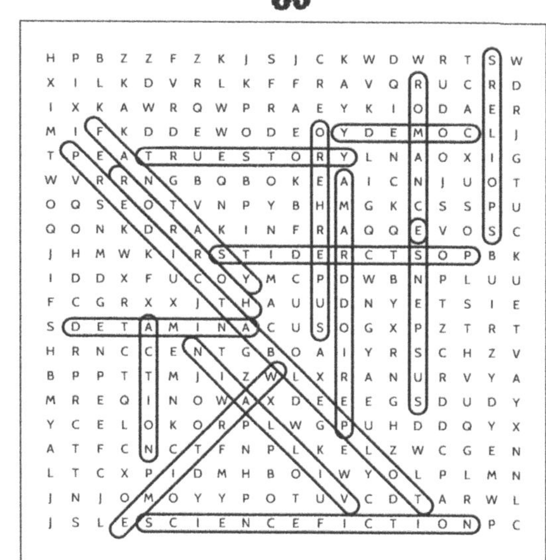

88

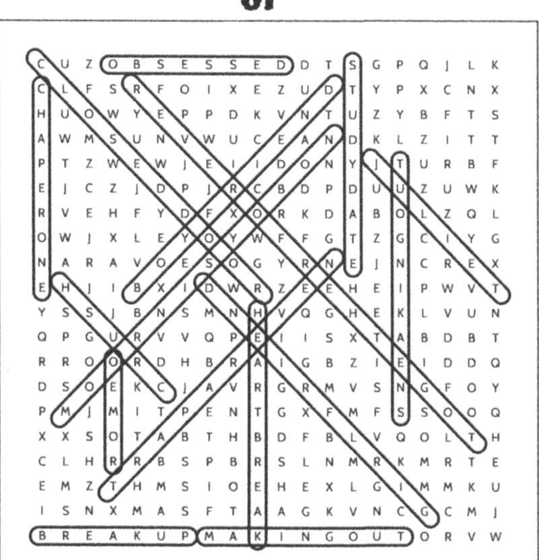

89

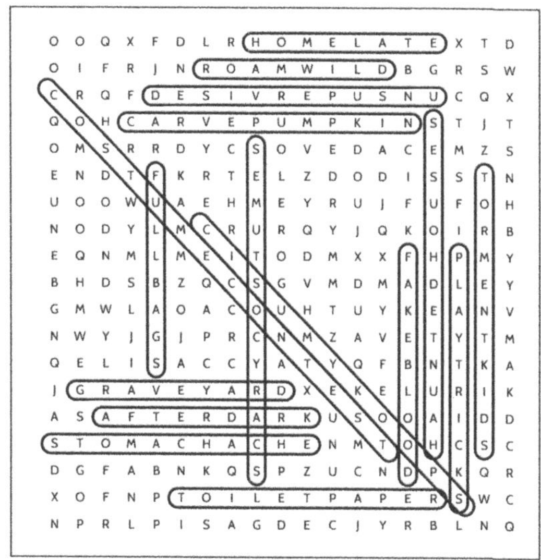

90

91–96

```
Y E D D B A O U V F L G Z G S N E N Q F U
P A N O N Q A U V B E X T D X W X N N H G
T E N W E T A V O N E R E V I D X V Z P S
X Z R N A I I O N F Y C M B N K Y C T Q E
E J U S T U G P Q I L R P G D T T O E P N
S K A I O X K Z Q U D E T G Y H R I R M K
D B P Z U N K L T Z B C Y N H V A O P P B
L B E E T F A T F H G C S A A S V C X B K
I Y S E O V E L J K L Y P U N P E C K Z T
W K O N F R L G P E A X A V B S L F E N C
S R C G T K Z N A R K W C O I N O L A I C
H X I Q E E X N X Z O T E W E S Z O U D T
L S A S N K H L P P G J W N E L G H U F G
U N L O P O Z J M Z P S E I B B O H V U L
Q Q I W U G A L H B L E W C E W R X M U X
W V Z S N Z Y I W P I J M E T I M E F Q O
F O E C N I P F Y R D N U A L S S E L I F
J Z R G L N H Y V V E X S L B L C C O Q O
W N P M L D A A L S Z K D S Y A I U T L L
F W M N C X J A L I Y N E U E G S B D X G
X T E I U Q M Y T Y O J J P J T Y P D F I
```

91

```
K Z G D G A R D E N I N G F F A C Z
O K N A S E A A A N T I Q U I N G Q
O I I N O T I P I G N T Y E M A X U
B C K C D M F C T N T M V F N G C U
P R R E R G N A P I P K Q K Q E E Q
A O O L N C N B R H L G N I N N A C
R S W E Y B N W U C R Q K W T E F Z
C S D S H U W G R T D P Q O C A I B
S W O S O H L O B A V N U R J L R K
W O O O B G C M L W K H A D F O E O
P R W N W H N K J D F C I S Y G T H
B D B S E T U I L R U C H E T Y C F
V P C T T F I K B I H V Z A D R O I
T B O O K C L U B B R K M R F H A J
F J I G S A W P U Z Z L E C U Z J E
Y H D M J U D H D M Z W B H K C W G
E D W B B I S Z W E S D F L Y I J Y
E G R E E T N U L O V B V D J N V R
```

92

```
G E I K O O C J K J Z E N X Q I D
M O O G T G H S K B G P I Y D A L
M F Z E M X F A Y E A D O A N V T
J O R K N E T X B S Y K K D S L W
G L D O W C T T T O Q L L X U N S
N S U A Z H O R S U B X I A C D T
I A N E N E I B O C O S L M V J R
D N I V S E N P B T M D M U E A A
D Y T E S S K Y U L W D F J E P T
U B M B E E Z A O R E J C Q P Q I
P S E K A C P U C G Q R X J Y K M
V E I P G A D E W T U F J M Y G S
T O N M H K G E X S O R P O G Q T
C R W M A E R C E C I R T I H S A
H A O R W R H N R Q F J R G P C B
U T R O H V I A L J Z D X A V J F
R N B C M H C T Z O H Q V W C E X
```

93

```
I T Y P U Q P G U C H Y D O K F D E S H U V
I E A F G W R T Y N F U V B C I A Q A I O T
S L H T F S D P V M Q V A Q P S N Z V S P X
D M O P R I I J P L F Q P H S N Q R I J Y B
F G K Z C U N P M N I N V E S T M E N T S M
S E E H S M S A B V P S T M W Y J M G D L A
T N U O C C A T N E M E R I T E R X S R P D
T G B M Q Y H N T C W S N T S A Q E L P T S
I S Z G L E M S S I I U E J D K L Z L T M P
S C C S M I X B D P A A A V Y D W V M V M D
O S R D D L Y T O Z S L L T X X H M R R T G
P B O N D S D T I B D R E A L E S T A T E J
E W T E G D U B I A Y X Y E D T X N F G Z W
D K H D M J F V N D L T X R S V V D H Q J N
E K Q I I O K N K C I W Y L W W I D X R U L
M Z H V K B U U R U X U R S I Q O S U H C D
I F C I O I X B Q U N Z Q Y K F Q F O Q B X
T Y I D T H B E D O K N O I S N E P B R S B
V B T Y A W B F I H S J V J L S Q O S H B Z
S I M P Y Q C Z E B C T U H P A G N V C L W
U J K H T C H E C K I N G B L C V F V M U Y
M L X K X J N X U R C R P B R G K T R K U W
```

94

```
D N A P R O J E C T O R E Q W C S C A N Y
Y D V I N J F R G P V V E X O Z K A A L S
E H X R D I K E T O T X T T R S W T U G Q
V A N S W E R I N G M A C H I N E H L D G
U P N L P Y P Z P O Z R K D I R U O Z T D
E S X S A D R O C E R L Y N I V W D Z Y O
L S P U L A I D L M N P X I S A X E R L T
I T T S H W X G H C P I J Z I R J R P H M
A D C A S A H B Z O Y T L L Y G D A A Y A
J N P L F L Y F L R V C C D Z G V Y P E T
E K X G F K V F O R O O N J N J N B E F R
D O K I L M N J Q T P I J E F A G F Y U I
R K L I G A J D V G E K N O J N L R I J X
H I D K O N Y S J X Z O D J B R E G A P O
E G T K V O N I P N H Z E A T T O K W V F
Z B Y T E T N D Z P B O D T T Y V C W R N
Y A H T C C T W Y J B P I E M Y U C H H R
P C Z M L F F A C B O Y S T X D W Z F A O
Y B Q L X L P D C L V S S X Q B H D M X R
T H O C P A I W E P A T O E D I V C G S Q
B N V R C L R S O C Q Y E Q D J J B A G X
```

95

```
Q Q F F N I M Y V L Q N N V T U V P O
M V Z J B M F G I R G D K U L G A B Q
U L W W I C U O S O L S T U F F I N G
W A X J C A I Q S M P D F F C A U L I
M O L Z K S K D S S U S Y R Y A M S V
X Z X S E S J N S Z S O A P X R Z E F
S U M G R E E N B E A N S X K S U O X
D M T L I R N E R Y B M D B M Y O T K
C W Z G N O O T E E I I G K V T M A U
R L K N G L S U R R Y U O R B X Q T G
O S D P X E A R E E E J X A A O V O X
L D E M Z W Y Q O S K P L Z D W H P E
L A P P C A S Z T Y R L V Q O G P D D
S K I K S P Z S G E U I X L R L U E A
G K N E K C U D R U T A F H O S T H R
O D J W B P B J S R E V O T F E L S A
R U D B C F V F X D W O L R O S Q A P
X X O P U C J J Y A F F O O D C O M A
W X Z O C F S D N B J S D A Z N U W Y
```

96

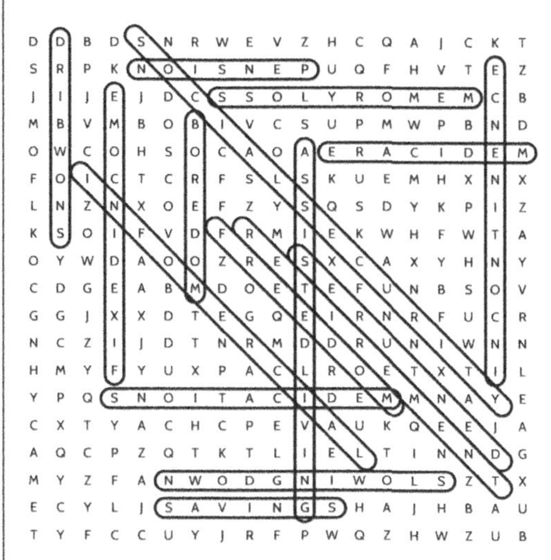

97

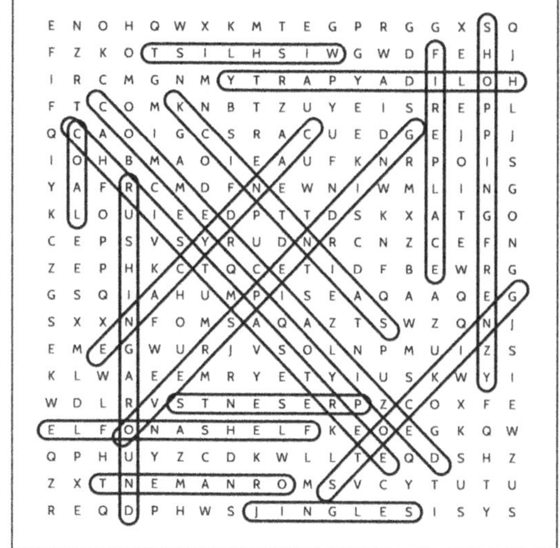

98

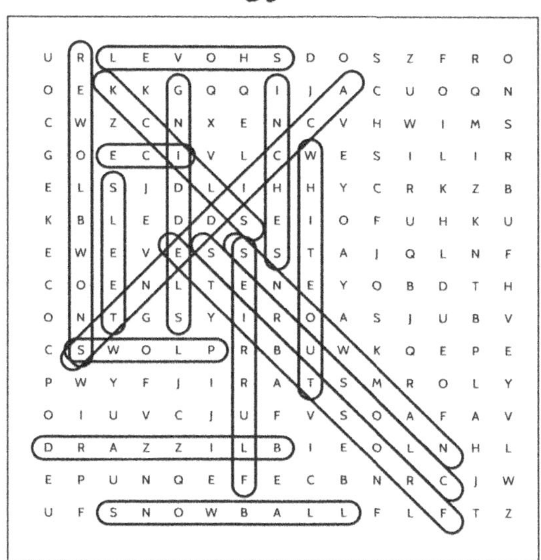

99

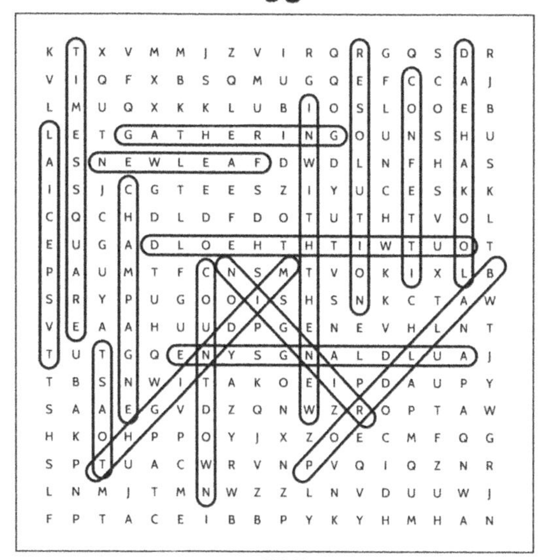

100

Made in the USA
Middletown, DE
29 June 2023